L'AMOVR
A
LA MODE,
COMEDIE.

A ROVEN,
Chez LAVRENS MAVRRY, prés le Palais.

AVEC PRIVILEGE DV ROY.
M. DC. LIII.

Et se vend A PARIS,
Chez GVILLAVME DE LVYNES, au Palais, sous la montée de la Cour des Aydes.

AV LECTEVR.

Oicy vne Comedie d'vn caractere si
different de la derniere de ma façon
qui l'a precedée sur le Theatre, que
quoy qu'elles soient toutes deux du
mesme genre, il n'y a guere plus de disproportion
du Tragique au Comique, que des extrauagances
ridicules de D. Bertran, à l'eniouëment galand
d'Oronte qui fait tout en celle-cy. Ce n'est pas que
les folies du premier n'ayent eu assez de partisans
pour m'obliger à n'abandonner pas vn stile qui
m'auoit si heureusement reüssi ; mais comme il est
bien difficile d'affecter toûiours ce plaisant delicat
qui peut diuertir les honnestes gens, sans se mettre
souuent au hazard de tomber dans la bassesse, i'ay
crû qu'il valoit mieux traiter vn suiet qui sans
tenir trop du serieux ne donnast pas tout à la bou-
fonnerie. Ie pense auoir trouué ce milieu dans cette
piece, où vous verrez vn personnage d'vne humeur
assez particuliere, & qui bien loin d'estre fort
scrupuleux en matiere d'amour, ne regarde la con-
stance que comme vne vertu de Roman ; non qu'il
se declare assez ennemy du beau sexe pour luy refuser l'hommage qui luy est legitimement deu, au
contraire il s'en acquite auec si peu de reserue dans
la moindre rencontre, que iamais personne n'offrit
son cœur plus liberalement, mais c'est toutefois
auec vne independance qui fait aisément cognoistre
que la perte d'vne maistresse ne luy cause guere de

mauuaifes nuits, & qu'il a toûiourr des remedes
en main contre les furprifes que fa paffion luy peut
faire. Peut-eftre que quelques-vns condamneront
fes maximes, mais auffi ie me perfuade qu'il s'en
trouuera peu qui ne demeurent d'accord que fi fa
façon d'aymer n'eft pas la plus parfaite, elle eft du
moins la plus commode, & que pour viure en eftime parmy les Dames, il fuffit bien fouuent de faire porter à la galanterie les liurées de l'amour.

    Au refte, ie confeffe icy librement à mon ord-
naire, que les Efpagnols m'ont fourny le fuiet de
cette Comedie auffi bien que des autres, & que i'en
dois l'inuention à D. Antonio de Solis, qui luy a
donné le mefme tiltre de El amor al vfo.

❦❦❦❦❦❦❦❦❦❦❦❦❦ ❦❦❦❦❦❦❦❦❦❦

ACTEVRS.

ARGANTE pere de Dorotée.
ORONTE Gentilhomme Parifien.
FLORAME amant de Lucie.
ERASTE amant de Dorotée.
DOROTEE fille d'Argante.
LVCIE foeur d'Erafte.
LYSETTE Suiuante de Dorotée.
CLITON valet d'Oronte.
LYCAS valet de Florame.
LISTOR valet d'Erafte.

La Scene eft à Paris.

L'AMOVR

L'AMOVR
A
LA MODE,
COMEDIE.

ACTE I.

SCENE PREMIERE.

ORONTE, CLITON.

ORONTE.

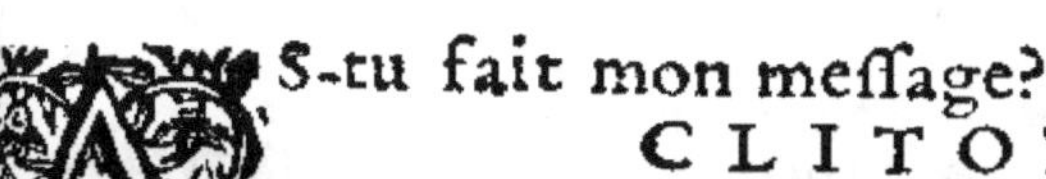

S-tu fait mon meſſage?

CLITON.

Oüy, Monſieur.

ORONTE.

Et ma lettre
ux mains de Dorotée as-tu ſçeu la remettre?

A

CLITON.

En main propre.

ORONTE.

D'abord elle aura refusé
D'y voir peint le tourment que ses yeux m'ont causé,
Te l'aura voulu rendre, & feignant...

CLITON.

Au contraire,
Sans se faire prier elle l'a leuë entiere.

ORONTE.

A ce coup le succez a passé mon espoir.
Elle ne me hait pas à ce que ie puis voir?

CLITON.

Du plus fort de ses traits l'amour pour vous la
    blesse,
Et vous auez, Monsieur, plus d'heur que de sagesse.

ORONTE.

Ie n'esperois pas tant.

CLITON.

Dans cet amour nouueau
Vous auez vent en poupe, & voguez à pleine eau,
Vous pourrez aller loin si rien ne vous arreste.

ORONTE.

Tu sçais à quels reuers ma fortune est sujette.

CLITON.

Voicy dequoy guerir vne si vaine peur.

ORONTE.

Qu'est-ce?

CLITON.

Lettre pour lettre, & faueur pour faueur.

ORONTE.

Elle m'a fait responce?

CLITON.

Au moins pour vous la rendre
Chez elle assez long-temps elle m'a fait attendre,
Et ce billet enfin entre vos mains remis.....

ORONTE.

Ouurons, il m'apprendra quel espoir m'est permis.

Il lit.

Pour prix de voſtre amour que vous peignez extréme...
l'auois écrit en vers, elle répond de meſme,
Il n'eſt rien dont ſans peine elle ne vienne à bout.

CLITON.

Les femmes auiourd'huy mettent le nez par tout.

ORONTE *lit.*

Pour prix de voſtre amour que vous peignez extréme,
Oronte, vous oſez me demander le mien,
Quelquefois par bonté j'endure que l'on m'ayme,
Mais ie pretens auſſi qu'il ne m'en couſte rien.

Vous donner cœur pour cœur ſeroit vn auantage
Où le plus grand merite à peine oſe aſpirer,
Voyez ce que ie vaux, vous m'offrez voſtre hommage,
Ie le ſouffre, dequoy pouuez-vous murmurer?

Seroit-ce qu'en effet voſtre amour fuſt ſi forte
Qu'on la dûſt eſtimer digne d'vn plus grand prix?
Faiſons vn conte exact, & ſupputons de ſorte
Que l'vn ny l'autre enfin n'y puiſſe eſtre ſurpris.

Si ces brûlans ſoûpirs qui vous ſont ordinaires,
Vous donnent quelque eſpoir de me mettre à retour,
Croyez-moy, cent ſoûpirs ſouuent ne peſent gueres,
Et n'emportent qu'à peine vn demy-grain d'amour.

N'importe, mettez-les dedans vne balance,
Et dans l'autre, l'honneur de vous voir dans mes fers,
Iurez de vous tenir à cette experience,
Et ie vous donneray mon cœur ſi ie le pers.

Sa réponce eſt galante autant qu'elle eſt adroite,
Ma liberté s'y pert, j'y trouue ma défaite,
Et ce charmant orgueil à deſſein affecté
N'a pas moins de pouuoir ſur moy que ſa beauté.

CLITON.

Vous chantiez vn peu haut, elle vous rend le change.

ORONTE.

Sa lettre auſſi pour moy, Cliton, n'a rien d'étrange,
Par ce ſtile arrogant elle répond au mien,
Ie vantois mon merite, elle vante le ſien.

CLITON.

C'eſt vous payer ſur l'heure en la meſme monnoye.

ORONTE.

Pour ſurprendre mon cœur c'eſt la plus ſeure voye ;
Cette préſomption qu'elle eſtale à ſon tour
Ne fut iamais defaut en matiere d'amour,
Vne belle ame ſeule en peut eſtre capable,
Ou ſi c'eſt vn defaut, c'eſt vn defaut aymable.
Quelque ſuperbe humeur que ie témoigne auoir
I'ayme qu'vn bel objet ſe faſſe vn peu valoir,
Qu'il voye auec dédain qu'à l'aymer on s'apreſte,
Et mette à bien haut prix l'eſpoir de ſa conqueſte.
Ne montrer dés l'abord ny mépris, ny rigueur,
Bien loin de l'acquerir, c'eſt mandier vn cœur,
Et ce cœur qui ſe rend quand on l'en ſollicite,
Se donne à la pitié bien pluſtoſt qu'au merite.
Le mien à ces appas ſe laiſſe peu toucher,
I'eſtime ſeulement ce qui me couſte cher,
Et pour te dire tout, la faueur la plus grande
N'eſt point pour moy faueur à moins qu'on me la

CLITON.   (vende.

Vous auez en amour le gouſt bien dépraué,
Mais Flore, qu'en eſt-il ?

ORONTE.

        Son regne eſt acheué,
Mon ame à ſes rigueurs à la fin s'eſt ſouſtraite.

CLITON.

Mais vous aymez pourtant, Monſieur, qu'on vous
     maltraite ?

ORONTE.

Oüy, pourueu qu'vn riual ne ſoit pas mieux traité,
Et qu'on me faſſe voir vne noble fierté
Qui ſemblant s'indigner de mon peu de merite
Loin d'amortir mon feu l'entretienne & l'irrite.

Mais enfin Dorotée a beau diſſimuler,
D'vne flame ſecrette elle ſe ſent brûler,
Et ſon cœur à l'amour iuſqu'icy peu ſenſible
Veut perdre en ma faueur le tiltre d'inuincible,
I'oſe en iuger par moy qui cede à ſes appas.

CLITON.

C'eſt vne verité dont ie ne doute pas.
Graces au Ciel, Monſieur, vous auez l'ame bonne,
Et qui plus eſt, le don de ne haïr perſonne.

ORONTE.

Moy ?

CLITON.

Vous. Ie vous cognoy mieux que vous ne croyez,
Vous en aymez autant comme vous en voyez,
Et c'eſt pour Dorotée vn bien fort inutile
Qu'vn cœur à partager auec plus de deux mille.

ORONTE.

C'eſt en dire vn peu trop.

CLITON.

Ie dis ce que ie vois.

ORONTE.

Pour le moins aujourd'huy n'en aymay-ie que trois,
Et meſme de ces trois qui m'ont l'ame charmée,
Comme la plus aymable, elle eſt la plus aymée.

CLITON.

Le party donc pour elle eſt encore aſſez doux,
Si n'en aymant que trois....

ORONTE.

Eraſte vient à nous,
Tay-toy.

CLITON.

Sans doute il a quelque choſe à vous dire.

ORONTE.

Il le faut aborder.

~~~~~~~~~~~~~~~~~~~~~~~~~~~~

SCENE II.

ORONTE, ERASTE, CLITON.

ORONTE.

Amy, ie vous vois rire,
La joye eſt dans vos yeux.

ERASTE.

Et bien plus dans mon cœur,
D'vne fiere beauté i'ay vaincu la rigueur,
Et contre cent mépris mon amour obſtinée
Eſt preſte enfin de voir ſa flame couronnée.

ORONTE.

Quoy ? vous aymiez, Eraſte, & m'en faiſiez ſecret?

ERASTE.

La vertu d'vn amant c'eſt d'eſtre amant diſcret.

ORONTE.

Noſtre amitié s'en plaint.

ERASTE.

La meſme m'authoriſe
A vous ouurir mon cœur auec toute franchiſe.
De cet aymable objet qui regle mon deſtin
I'ay receu pour faueur ce billet ce matin.
Quoy qu'il ſéble à mes vœux promettre peu de choſe,
L'amour de ces faueurs peut ſeul eſtre la cauſe,
Quiconque écrit ſe donne, ou laiſſe à préſumer,
S'il n'ayme pas encor, qu'il n'eſt pas loin d'aymer.

ORONTE.

Ainſi donc voſtre amour a tout ce qu'il ſouhaite.

ERASTE.

Obtiendray-ie vne grace & ma joye eſt parfaite?
~~~~~~~~~~~~~~~~~~~~~~~~~~~~

ORONTE.
Ah, c'eſt me faire tort qu'en douter ſeulement.

ERASTE.
Ie dois vne réponſe à ce billet charmant,
Mais ſans voſtre ſecours ie n'y puis ſatisfaire,
Il eſt écrit en vers, & ie n'en ſçaurois faire,
Prenez ce ſoin ſur vous.

ORONTE.
Le paſſé vous fait foy
Que i'ay toûîours eſté bien plus à vous qu'à moy,
Ie feray mon poſſible à remplir voſtre attente.

ERASTE.
C'eſt m'obliger, adieu.

SCENE III.

ORONTE, CLITON.

CLITON.
La priere eſt galante.

ORONTE.
Apres ce premier pas j'oſe eſperer qu'vn iour
Il me priera pour luy d'aller traiter l'amour,
Au moins auec raiſon puis-ie tout m'en promettre
S'il luy faut mon ſecours pour eſcrire vne lettre.
Que t'en ſemble?

CLITON.
Si i'oſe en dire mon aduis,
En luy ſi c'eſt ſottiſe, en vous c'eſt encor pis.

ORONTE.
Tu parles franchement.

CLITON.
Auſſi, Monſieur, j'enrage

Que vous mettiez pour luy vos talents en vsage.
Quand prés de quelque objet vous iurez quelquefois,
Quoy qu'en pleine santé, d'estre presque aux abois,
Et que vous debitez & fleurons & fleurettes (faites,
Pour mieux peindre des maux qu'à plaisir vous vous
Ie n'en murmure point , & ie voy sans couroux,
Du moins si vous mentez, que vous mentiez pour vous;
Mais qu'vn foible interest l'emportant sur le vostre
Vous fasse encor resoudre à mentir pour vn autre,
Comme si c'estoit peu pour vous de vos pechez. . . .
Car enfin sçauez-vous ses sentimens cachez?
S'il est amant, peut-estre est-ce à dessein de rire,
Et vous irez iurer, qu'il languit, qu'il soûpire. . .

O R O N T E.

I'ay pû m'en exempter, il m'estoit fort aisé,
Et tout autre qu'Eraste eust esté refusé,
Mais si ce mesme Eraste est frere de Lucie,
L'vne des trois beautez dont mon ame est rauie,
Et si par vn effet de son heureux destin
De Dorotée encore il est proche voisin,
Puis-ie rien refuser à qui m'est necessaire,
Tantost comme voisin, & tantost comme frere?

C L I T O N.

C'est préuoir de bonne heure à tout & d'assez loin.

O R O N T E.

Il n'est si sot amy qu'on n'employe au besoin,
De ma facilité c'est la raison secrette,
Mais il faut voir enfin de quel air on le traite.

C L I T O N.

Peut-estre s'en rit-on.

O R O N T E.

    C'est comme ie l'entens,
Ou s'il est regalé, que c'est à ses dépens.

Il lit.

Pour prix de vostre amour que vous peignés extréme,
Eraste, vous osés me demander le mien;
Quelquefois par bonté i'endure que l'on m'ayme,
Mais ie pretens aussi qu'il ne m'en couste rien.

Vous donner cœur pour cœur....
 Il prend son billet & le confronte auec celuy
 qu'Erafte luy a laiffé.

Ay-ie pris l'vn pour l'autre?
CLITON.
Sans doute, ou ce billet reffemble fort au voftre.
ORONTE.
Iamais telle furprife à mes fens ne s'offrit,
C'eft icy mot pour mot tout ce que l'on m'écrit,
Et ie recognois trop, plus ie les eftudie,
Si i'ay l'original, qu'Erafte a la copie.
L'écriture eft femblable & ne differe point.
CLITON.
Vous eftes à peu prés chauffez à mefme point.
N'importe, Dorotée a beau faire la fine,
Vous l'auez deuiné, tout fon fait n'eft que mine,
Et l'orgueil de fa lettre à deffein affecté
Tend vn piege fecret à voftre liberté,
Elle brûle, & l'amour l'a fait feul vous écrire.
Ah, fi deuant vn maiftre vn valet ofoit rire...
ORONTE.
Non, ie ne pretens point, Cliton, t'en empefcher,
Ry, i'en riray moy-mefme au lieu de m'en fâcher.
CLITON.
Mettez le mafque bas, defia pour vous j'enrage.
Que fert à mauuais jeu de monftrer bon vifage?
Ceftez, le mal redouble à qui fe contraint tant,
Vous eftes, Dieu mercy, de vous affez content,
Et vous voir pris pour dupe où vous péfiez y prédre,
Croyez-moy, c'eft vn cas, Monfieur, à s'aller pendre.
ORONTE.
La piece eft delicate, & ie ne cele pas
Qu'vn fot en ce rencontre eut pouffé force helas,
Et contre ces affauts manquant d'experience
De fa maligne eftoile accufé l'influence,
Mais pour moy qui cognois ce que c'eft que d'aymer,
De femblables reuers ne peuuent m'alarmer;

Si chaque objet me plaiſt, c'eſt ſans inquietude,
Iamais de preference, & point de ſeruitude,
Toûiours preſt de le perdre, & de m'en détacher
Au moindre euenement qui me pourroit fâcher.
Ainſi quelque beau feu que ie faſſe paroiſtre,
Pour ne rien hazarder i'en ſuis toûiours le maiſtre,
Ainſi diuers objets m'engageant chaque iour
Ie me regarde ſeul dans ce trafic d'amour,
Et chaſſant de mon cœur celuy qui m'incommode,
Si ie ſçay mal aymer, du moins j'ayme à la mode.
C L I T O N.
Conſeruez cette humeur, vous en aurez beſoin.
O R O N T E.
Mon déplaiſir, Cliton, ne va iamais plus loin,
Si l'vne me trahit, l'autre me tient parole,
Et i'ay dans mon malheur toûiours qui m'en conſole.
C'eſt là l'vtilité d'aymer en diuers lieux.
C L I T O N.
Hylas tant qu'il vécut ne l'entendit pas mieux.
O R O N T E.
Son humeur & la mienne ont quelque difference,
I'ayme tant que l'on m'ayme, & n'ay point d'incon-
     ſtance ;
Mais quand par vn caprice on ſonge à me quitter
Ie ſuis trop mon amy pour m'en inquieter,
Ie voy ce changement ſans que mon cœur s'irrite,
Et remplace ayſément la part qu'on m'en raquite,
Ainſi ie vis heureux, tant payé que tenu.
C L I T O N.
Voſtre cœur à ce conte eſt d'vn bon reuenu.
O R O N T E.
Tel qu'il eſt, de beaucoup il attire l'enuie,
Mais i'en dois la moitié tout au moins à Lucie.
C L I T O N.
En cecy le partage eſt vn eſtrange point.
Donnez-le tout entier, ou ne le donnez point,
Voſtre flame autrement ſera mal écoutée,
Et Lucie agira comme a fait Dorothée.

ORONTE.

Ie n'ay pas lieu d'en craindre vn pareil traitement,
Lucie agit toûiours auecque iugement,
Sa conduite est reglée , elle est modeste & sage,
Et le plus défiant n'en prendroit pas ombrage.
Ie trouue seulement en elle vn grand defaut.

CLITON.

Quel est-il ?

ORONTE.

Elle m'ayme vn peu plus qu'il ne faut.

CLITON.

Et ce defaut est grand ?

ORONTE.

Il est des plus notables.
Les querelles d'amour sont querelles aymables.
Il est beau que l'objet qui nous tient sous sa loy
Quelquefois à dessein soupçonne nostre foy,
C'est par où dans nos cœurs l'amour se fortifie,
Il semble qu'il renaist quand il se iustifie.
Quelque desordre en nous qu'vn reproche ait produit,
Il trouue vn doux remede au pardon qui le suit,
Quelque faueur nouuelle aussi-tost l'accompagne,
Et iamais l'accusé n'y pert tant qu'il y gagne :
Mais lors que d'vn amant on remplit les souhaits,
Comme l'on vit sans guerre on ne fait point de paix,
L'amour triste & pensif va son train ordinaire,
Seruant par habitude on pert tout soin de plaire,
Point de delicatesse , & pour qui vit ainsi
C'est toûiours, *Vous m'aymez*, *ie vous ayme aussi.*
Qui ne haïroit point ces grossieres pratiques?

CLITON.

Vous y sçauez, Monsieur, d'admirables rubriques,
Pour y rafiner tant vous auez bien resvé.

SCENE IV.

ORONTE, FLORAME, CLITON.

FLORAME.

A My, ie suis heureux de vous auoir trouué,
Ie vous cherchois par tout.

ORONTE.

Que veut de moy Florame?

FLORAME.

Vous découurir enfin les secrets de mon ame.

ORONTE.

C'est intrigue d'amour?

FLORAME.

Vous l'auez deuiné.
Par vn pere à l'Hymen ie me vois destiné,
Et quoy que ie luy montre vne ame irresoluë,
L'affaire de sa part en secret est concluë.
La personne est galante & d'illustre maison,
Mais vne autre beauté captiue ma raison,
Et quoy qu'vn grãd obstacle à cette amour s'oppose,
Mon cœur n'est plus à moy si Lucie en dispose.

ORONTE.

Lucie!   FLORAME.
Auec raison vous vous en estonnez.

CLITON.

Voila mon galand homme auec vn pied de nez.

FLORAME.

Cette vieille froideur qui m'éloigne du frere
Semble oster à la sœur les moyens de me plaire,
Mais qu'on s'obstine en vain à rejetter la loy
De qui pour souuerain ne recognoist que soy!

L'amour

L'amour par tyrannie obtient ce qu'il demande,
S'il parle, il faut ceder , obeïr, s'il commande,
Et ce Dieu tout aueugle & tout enfant qu'il est,
Dispose de nos cœurs quand & comme il luy plaist.
Ainsi malgré l'effort d'vne haine endurcie,
Ie n'ay pû resister aux charmes de Lucie,
Quoy que pour arriuer au but où ie prétens
Mon espoir le plus doux soit d'esperer au temps.
                    ORONTE.
Sans doute que d'Eraste il leuera l'obstacle,
Il fait de plus grands coups.
                    FLORAME.
                        I'en attens ce miracle.
Cependant chez Lucie vn secret rendez-vous
Ce soir offre à ma flame vn entretien fort doux,
Sa Suiuante au signal me doit ouurir la porte,
Ce lieu m'estant suspect, daignez m'y faire escorte,
Aurez-vous ce loisir ?
                    ORONTE.
                        Oüy, ie vous le promets,
Pour seruir vn amy ie n'en manque iamais.
                    FLORAME.
Ie vous prendray chez vous.

B

SCENE V.

ORONTE, CLITON.

CLITON.

Elle est modeste & sage,
Et le plus défiant n'en prendroit pas ombrage,
Sa conduite est reglée, & sans ce grand defaut
Qui la fait vous aymer vn peu plus qu'il ne faut,
Elle seroit feconde en qualitez exquises?

ORONTE.

Tu vas tout de nouueau debiter cent sottises.

CLITON.

D'autre que vous iamais elle ne fit de cas?
Dites encor, Monsieur, que vous n'enragez pas.

ORONTE.

A quel sujet?

CLITON.

Pourquoy déguiser de la sorte?
Vous enragez, vous dis-je, ou le Diable m'emporte,
Verriez-vous sans dépit deux amours auau l'eau?

ORONTE.

Leur perte à mon humeur offre vn jeu tout nouueau,
Et dés que ie verray Dorotée ou Lucie....

CLITON.

Quoy, vous leur parlerez?

ORONTE.

Ouy, i'en brûle d'enuie.
C'est là que ie pretens estaler à leurs yeux
Ce que l'art de se plaindre a de plus curieux,

Les soûpirs seuls alors auront pour moy des charmes,
S'ils font trop peu d'effet , j'auray recours aux lar-
     mes,
Mille fanglots confus feront mon entretien,
Mais i'auray beau gemir, mon cœur n'en fçaura rien,
Et feignant qu'en la mort i'efpere vn prompt remede
Ie verray fans douleur qu'vn autre les poffede.
           CLITON.
Pour vous voir à toute heure on ne vous cognoit pas.
           ORONTE.
Vn peu de patience & tu me cognoiftras.
Cependant ce quartier ne m'eft pas fi funefte
Que ie n'y fçache encor où joüer de mon refte.
           CLITON.
Et vous penfez trouuer qui vous écoutera?
           ORONTE.
Ouy, Cliton , auec joye, & quand il me plaira.
Certaine brune hier dedans les Tuileries
Seruit long-temps d'objet à mes galanteries,
Nous fifmes cognoiffance, où ie fus affez fot
D'offrir vn diamant dont ie fus pris au mot,
Et toute la faueur que j'obtins de la belle
Fut d'agréer ma main pour la mener chez elle.
           CLITON.
Et vous entraftes ?
             ORONTE.
              Non , par certaine raifon
Ie dûs me contenter d'auoir fçeu fa maifon.
Mais auiourd'huy, Cliton , elle attend ma vifite,
Et me voudra du mal fi ie ne m'en acquite,
Tien , fuy moy , ce détour nous cache fon logis.
           CLITON.
Auant qu'aller plus loing encor vn mot d'auis;
Elle eft gaye?
             ORONTE.
         A rauir.
           CLITON.
           Et s'appelle?
                    B ij

ORONTE.   Lyſette.
CLITON.

Paſſez voſtre chemin, voſtre viſite eſt faite.

ORONTE.

Maraut.

CLITON.

Paſſez, vous dis-je, & n'y pretendez rien,
Perſonne n'a qu'y voir.

ORONTE.

Pourquoy?

CLITON.

Ie le ſçay bien.

ORONTE.

Mais elle m'a promis qu'aujourd'huy . . . .

CLITON.

C'eſt adreſſe,

ORONTE.

Tu la cognois donc bien?

CLITON.

Que trop , c'eſt ma maiſtreſſe.

ORONTE.

Elle eſt veſtuë en Dame.

CLITON.

A mon plus grand regret.
Ses beaux habits, Monſieur, mangent mon petit fait,
Et comme à plus fournir ma bourſe eſt impuiſſante,
D'aujourd'huy ſeulement elle ſert de ſuiuante.

ORONTE.

Chez qui ?

CLITON.

C'eſt dont ce ſoir ie dois eſtre aduerty,
Il eſt bon cependant que vous preniez party,
Car ſi tout voſtre eſpoir en Lyſette ſe fonde,
Soyez ſeur que pour vous il n'en eſt plus au monde,
Voſtre cœur eſt vacant , & par prouiſion
Vous le pouuez loüer s'il s'offre occaſion.

ORONTE.

Malgré le rude coup que ce ſuccez luy porte,

Tu le verras bien-toft brigué de bonne forte.
CLITON.
Il peut de mille vœux fe voir importuné,
Mais qui n'en croira rien ne fera pas damné.
Ne me vantez plus tant deformais vos adreffes,
Ce matin mefme encor vous contiez trois maiftreffes
Qu'il fembloit que pour vous l'amour pouffaft à bout,
Et voila qu'vn moment a fait rafle de tout.
ORONTE.
Il ne faut pas toûjours iuger fur l'apparence.
CLITON.
Vous faites bien, Monfieur, de viure d'efperance,
Tout mal femble leger à qui s'en peut nourrir.
ORONTE.
I'aurois grand tort, Cliton, de n'y pas recourir,
Puifque pour regagner Dorotée & Lucie
Il eft & du foupçon & de la jaloufie,
Et que pour mettre auffi Lyfette à la raifon
Vn diamant éclate & que l'or a du fon,
Ces remedes fouuent font plus qu'on ne defire,
Mais chez-moy pour Erafte il faut aller écrire,
Vien.

CLITON.
Vous vaincrez par tout fi ie m'y cognoy bien.
ORONTE.
Laiffe faire le temps & ne iure de rien.

Fin du premier Acte.

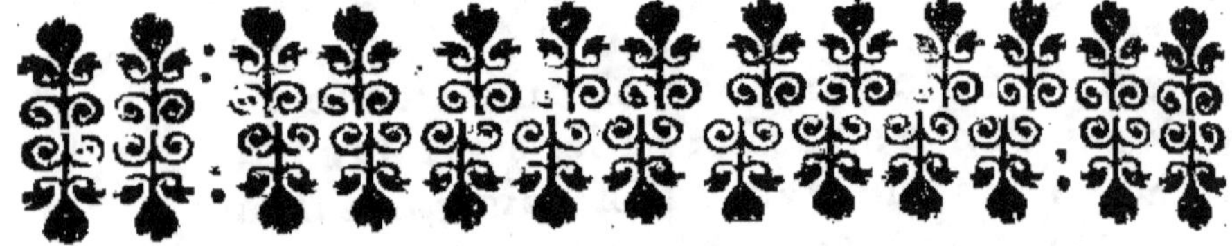

ACTE II.

SCENE PREMIERE.

FLORAME, LVCIE, LYCAS.

FLORAME.

VOY, voir tant de respect d'vn œil toûjours seuere ?

LVCIE.

Florame, ie ne fais que ce que ie dois faire.

FLORAME.

Quand pourray-ie obtenir vn traitement plus doux?

LVCIE.

En cessant de m'offrir ce qui n'est plus à vous.

FLORAME.

Ce cœur brûlé d'amour touche si peu le vostre?

LVCIE.

Ie ne m'enrichis point des dépoüilles d'vne autre.

FLORAME.

Quel reproche honteux faites-vous à ma foy?

LVCIE.

Celuy qu'vn inconstant doit attendre de moy.

FLORAME.

Doncques à vos beautez ie rends vn feint hommage?

LVCIE.

Il ne m'est pas permis d'en dire dauantage,
Quoy que ie fois d'vn fexe eſtimé peu diſcret,
Florame, i'ay promis de garder le ſecret.

FLORAME.

Quelqu'vn auprés de vous me rend mauuais office,
Mais en vain pour me perdre on vſe d'artifice,
Ie vous ayme, Lucie, & le Ciel m'eſt témoin...

LVCIE.

Vous vous iuſtifierez quand il ſera beſoin,
Laiſſez-moy ſeule, icy ma gloire ſe hazarde,
D'vn & d'autre coſté ie voy qu'on nous regarde,
Et dans ces lieux enfin vn plus long entretien
M'eſt de grand preiudice & ne vous ſert de rien.

FLORAME.

Que cette retenuë eſt contraire à ma joye!
I'obeïs, mais encor, que faut-il que ie croye?

LVCIE.

Que malgré la rigueur qu'à tort vous m'imputez
Ie vous eſtime autant que vous le meritez.

FLORAME.

Qu'au moins vn peu d'amour ſuiue vne telle eſtime.

LVCIE.

Pretendre au bien d'autruy ſeroit commettre vn
    crime,
Ie vous l'ay deſià dit.

FLORAME.
        Ce diſcours éclaircy...

LVCIE.

Il vous paroit obſcur, ie le veux croire ainſi,
Mais ſi voſtre ame enfin s'en trouue inquietée,
Vous pouuez à loiſir conſulter Dorotée,
Elle en ſçait le myſtere, Adieu.

SCENE II.

FLORAME, LYCAS.

FLORAME.

Tout est perdu,
D'où peut-elle sçauoir cet Hymen pretendu
Où contre mes desirs vn pere me destine ?

LYCAS.

Est-il rien si secret, Monsieur, qu'on ne deuine?
Peut-estre Dorotée en a fait vanité.

FLORAME.

Non, elle en craint l'issuë aussi de son costé,
Et si j'en puis iuger aux troubles de son ame,
Ce n'est que par deuoir qu'elle accepte ma flame.

LYCAS.

Quel est donc vostre espoir?

FLORAME.

D'aymer & de mourir
Plustost qu'au changement ie songe à recourir.
Le recit de mes maux pourra toucher Lucie.

LYCAS.

Ouy, mais où luy parler sans que l'on vous épie?
Comme son frere & vous, vous estes ennemis,
Chez elle aucun accez ne vous sera permis,
Et la voir seulement au temple, ou dans la ruë,
Où chacun est témoin d'vne telle entreueuë,
N'est pas pour l'obliger d'écouter à loisir. ....

FLORAME.

Ie ne le voy que trop, & c'est mon déplaisir.
Aussi n'est-ce pas là que j'ose enfin pretendre,
Qu'apres tant de refus elle voudra m'entendre,

Sa Suiuante gagnée à force de presens,
Depuis huict iours prés d'elle est de mes partisans,
Et ce soir au signal trouuant la porte ouuerte
Ie hasteray, Lycas, mon triomphe ou ma perte.
Dans sa chambre à ses pieds j'iray dans mon trans-
    port
Demander vn Arrest ou de vie ou de mort,
Seur de voir aujourd'huy son amour ou sa hayne
Par l'vn ou l'autre effet mettre fin à ma peine.

L Y C A S.

Mais quand vos cœurs vnis auroient mesmes souhaits,
L'apparence qu'Eraste y consente iamais?

F L O R A M E.

Ces petits differents où pour peu l'on s'engage
Souuent pour s'assoupir veulent vn mariage,
A cela pres, Lycas, poussons l'affaire à bout.

L Y C A S.

S'il arriue d'ailleurs . . . .

F L O R A M E-

                    Tu mets vn si par tout,
Souffre au moins que l'espoir entretienne ma flame.
Mais qui dans cette allée amene ceste Dame?
C'est Dorotée. O Dieu ! coulons-nous doucement.

SCENE III.

DOROTEE, LYSETTE.

DOROTEE.

LA promenade eſt belle & ce lieu fort charmant.

LYSETTE.

Voicy l'heure à peu prés qu'on y voit le beau monde.

DOROTEE.

Aux rendez-vous publics d'ordinaire il abonde,
Et ſur tout, nos galants prennent ſoin chaque iour
D'y venir debiter leur gazette d'amour,
C'eſt à dire, Liſette, autant de menteries.

LYSETTE.

Donc le bureau d'adreſſe en eſt aux Tuileries?

DOROTEE.

Tu dis vray, c'eſt icy qu'on nous en vient conter,
Et j'y ſuis comme vne autre à deſſein d'écouter.
Les hommes ſont trompeurs, mais quoy qu'on puiſſe
    faire,
Il faut quitter le monde, ou tâcher de leur plaire,
Car enfin la beauté n'eſt qu'vn triſte ornement
Si de la complaiſance elle n'a l'agréement.
Les plus charmants attraits qui parent vn viſage
Sans cette qualité n'ont qu'vn appas ſauuage,
Ce ſont treſors cachez qui ne ſeruent de rien.
Pour moy, i'ay ma methode & ie m'en trouue bien,
A plaire aux yeux de tous mon eſprit s'eſtudie,
Ie tâche d'eſtre belle afin qu'on me le die,
Et fais fort peu d'eſtat de ces dons precieux
Dont le farouche éclat ne frappe point les yeux.

Ce n'est pas toutefois que ie sois si facile,
La plainte auprés de moy n'est iamais fort vtile,
C'est en vain qu'on affecte vne fausse langueur,
L'amour par les soûpirs n'entre point dans mon cœur,
L'orgueil de nostre sexe esleuant mon courage
D'vn air imperieux i'en soûtiens l'aduantage,
Et ne le croyant né que pour donner des loix,
A qui porte mes fers i'en fais sentir le poids,
Sur ses propres desirs ie regne en souueraine,
C'est sans abaissement que ie flatte sa peine,
Et qu'apres vn long-temps que l'on m'a fait sa cour
Vn peu d'espoir permis est le prix de l'amour.

LYSETTE.
Vous vous y gouuernez d'vne étrange methode.

DOROTEE.
C'est comme il faut aymer pour aymer à la mode,
Pour peu qu'on se relâche on expose son cœur
Aux superbes mépris d'vn insolent vainqueur.
Vn amant que l'on flatte enflé de sa victoire
De ses submissions pert bien-tost la memoire,
Pour en auoir raison il le faut gourmander,
Et s'il n'est à la chaisne on ne le peut garder.

LYSETTE.
Et dans cette rigueur vous trouuez vostre conte?

DOROTEE.
Ie t'auoüeray, Lysette, auec vn peu de honte,
Mais comme vn iour t'acquiert mon inclination,
Reçoy ma confidence auec discretion.

LYSETTE.
Si ce iour est trop peu pour vous marquer mon zele,
Le temps vous fera voir que ie vous suis fidelle,
Et que vostre secret est seur entre mes mains.

DOROTEE.
Sçache donc qu'auiourd'huy les hommes sont si vains
Que depuis plus d'vn mois peut-estre ou dauantage
De trois amants à peine ay-ie receu l'hommage,
Puisque sur l'vn des trois la qualité d'époux,
Quoy qu'encore incertaine, attire mon couroux.

En faueur de Florame vn pere m'aſſaſſine,
I'en eſtime le bien, & l'eſprit, & la mine,
Mais par quelques ſermens qu'il m'engageaſt ſa foy,
L'eſclaue me fait peur qui doit eſtre mon Roy.
Eraſte auſſi m'en veut, vn galand d'importance,
Et propre en vn beſoin à mourir de conſtance,
Mais ſi fort hors de mode & du temps de jadis,
Qu'il le diſputeroit à tous les Amadis.
Il eſt vray que depuis, la défaite d'Oronte
D'vn triomphe ſi bas efface bien la honte.

LYSETTE.

Ce Caualier vout ſert?

DOROTEE.

Quoy, ſçais-tu quel il eſt?

LYSETTE.

Ie l'entends eſtimer.

DOROTEE.

Lyſette, qu'il me plaiſt!
L'air en eſt tout galand, la mine peu commune,
Vne humeur enjoüée & iamais importune,
L'eſprit auſſi charmant que le port gracieux,
S'il parle excellemment, il écrit encor mieux,
A ſon propre merite il doit toute ſa gloire,
Et connoiſt ce qu'il vaut ſans trop s'en faire accroire.
Ie ſens preſque pour luy deſia ie ne ſçay quoy,
Et s'il continüoit à ſoûpirer pour moy,
Encor que de mon cœur la garde me ſoit chere,
Ie pourrois me reſoudre enfin à m'en défaire,
Par là iuge, Lyſette, où i'en ſuis aujourd'huy.

LYSETTE monſtrant deux billets qu'elle tient.

L'vn de ces deux billets ne vient donc pas de luy,
Puiſque ſans demander ſeulement à les lire....

DOROTEE.

Donne-les moy, Lyſette, & te prepare à rire,
Eſtant preſte à ſortir quand ie les ay receus
Il m'a ſuffi pour lors d'en lire le deſſus,
Mais quoy qu'Oronte ait part à la galanterie,
La piece à mon aduis vaut bien que l'on en rie.

Sçache

Sçache qu'Eraſte & luy m'offrent icy leurs vœux,
Et qu'à la meſme lettre ils reſpondent tous deux.
LYSETTE.
Comment?   DOROTEE.
          C'eſt dequoy faire vn aſſez plaiſant conte.
J'écriuois ce matin vn billet pour Oronte,
Et voyant que pour l'autre il ſembloit fait exprés,
J'ay voulu l'obliger ſur l'heure à peu de frais,
J'ay tranſcrit le billet, & ſans ceremonie
Regalé ſon amour d'vne belle copie.
Son pauure eſprit ſans doute y répond de trauers,
Voicy ſa lettre, ouurons. O Dieu! ce ſont des vers,
J'ignorois qu'il en fit.
LYSETTE.
          Ce ſont vers de ménage,
Chacun communément en fait pour ſon vſage.
DOROTEE lit.
Tranſparente beauté dont le cœur eſt ouuert....
Le ridicule mot dont ce lourdaut ſe ſert !
Et qui me faites voir iuſqu'au fond de voſtre ame...
C'eſt fort bien commencer à dépeindre ſa flame,
Laiſſons-la ſon billet, & voyons le ſecond.
Sans doute en galand homme Oronte me répond,
Et ie gagerois bien, auant que d'en rien lire,
Que la moindre penſée eſt digne qu'on l'admire,
Son ſtile du premier ſera bien different.
LYSETTE.
L'autre croyoit bien dire auec ſon tranſparent.
DOROTEE lit.
Tranſparente beauté....
LYSETTE.
          Le mot eſt bon, ie penſe,
Puis qu'Oronte luy-meſme vſe de tranſparence.
DOROTEE lit.
Dont le cœur eſt ouuert... Que veut dire cecy?
C'eſt le meſme.
LYSETTE.
     En effet ie le croirois ainſi.

C

DOROTEE.

N'importe, il faut tout voir, & que ie les confronte,
Tien, ly celuy d'Erafte, & moy celuy d'Oronte.

LYSETTE lit.

Tranfparente beauté dont le cœur eſt ouuert,
Et qui me faites voir iuſqu'au fond de voſtre ame,
Ie confeſſe à ce coup que ie fuis pris fans vert
Voyant qu'à peine encor vous y logez ma flame.

Ie la croyois pour elle vn Palais aſſeuré
Où vous fongiez bien-toſt à la traiter en Reyne,
Car enfin i'ay pour vous fouffert, gemy, pleuré,
Et ma langueur en eſt vne preuue certaine.

Ie ne veux pas pourtant fupputer auec vous,
Ce que vous propoſez iroit à voſtre honte
Si pour chaque tourment dont i'ay fenty les coups
Il vous falloit tirer vne ligne de conte.

De mes brulans foûpirs vous riez toutefois,
Quoy qu'en foule fouuent vous cognoiſſiez qu'ils fortent,
Voſtre cœur toûiours ferme en dédaigne le poids,
Mais tous legers qu'ils font gardez qu'ils ne l'emportēt.

DOROTEE.

La piece eſt concertée, il le faut aduouër,
Mais Oronte luy feul me fait ainſi jouër,
Erafte eſt trop groſſier . . .

LYSETTE.

Ma penfée eſt la voſtre.
Enfin fon ſtyle eſt-il bien different de l'autre?

DOROTEE.

Sans rien faire paroiſtre il faut dés aujourd'huy....
Mais Dieu, voicy mon pere.

LYSETTE. Oronte eſt auec luy.

DOROTEE.

Comme il te cognoit peu, demeure icy Lyfette,
I'épieray de plus loin l'heure de fa retraite,
Toy, lors que tu verras partir noſtre vieillard,
Ioins Oronte, & l'arreſte en ce lieu de ma part.

LYSETTE *abaiſſant fa coiffe.*

Elle me laiſſe à faire vn joly perfonnage.

SCENE IV.

ARGANTE, ORONTE, LYSETTE.

ARGANTE.

ENfin i'en ay donné ma parole pour gage,
Dorotée eſt promiſe, & l'Hymen arreſté
Doit bien-toſt ſous ſes loix ranger ſa liberté.
Il ſemble cependant que vous brûliez pour elle,
Dans la ruë à tous coups vous faites ſentinelle,
Vn voiſin le remarque , vn voiſin en diſcourt,
Sur vn amour ſi vain, Oronte, tranchez court,
Ie tiendrois à bon-heur de vous auoir pour gendre,
Mais l'affaire d'accord vous n'y pouuez pretendre.

ORONTE.

Si dans voſtre quartier on me voit chaque iour,
I'y cognoy cent beautez à qui parler d'amour,
Et ce ſeroit en vain que voſtre ame éclaircie . . .

ARGANTE.

Ie ſçay qu'on parle encor de vous & de Lucie,
Mais comme elle eſt voiſine, & l'honnneur delicat,
Ne me contraignez point à faire plus d'éclat,
Et ceſſant pour huit iours ſeulement d'y paroiſtre,
Eſtouffez vn bruit ſourd qui commence de naiſtre.
Adieu, ſongez de grace à me rendre content.

ORONTE.

La remonſtrance eſt belle & l'aduis important.
Combien de viſions accompagnent cet âge !

SCENE V.

ORONTE, LYSETTE.

LYSETTE.

St, st, mon Caualier, tournez vn peu visage.

ORONTE.

Qui m'appelle?

LYSETTE.

C'est moy, ne me voyez-vous pas?

ORONTE.

Vn nuage importun me cache vos appas,
Et pour moy cette coiffe est vn suplice extréme.
Est-ce ainsi qu'on agit alors que l'on s'entr'ayme?

LYSETTE.

Le compliment est doux, & c'est bien debuter.
Nous nous aymons l'vn l'autre?

ORONTE.

Il n'en faut point doutet.

LYSETTE.

Et bien, ie le croy donc puisque vous me le dites.
C'est reciproquement l'effet de nos merites,
Mais j'auois iusqu'icy vécu sans le sçauoir.

ORONTE.

Ie suis moy-mesme encor à m'en apperceuoir,
Mais on tient que l'amour par sa toute-puissance
Se glisse dans nos cœurs sans que mesme on y pense,
Et si cette maxime est valable, en ce cas
Nous pouuons nous aymer & ne le sçauoir pas.

LYSETTE.

Vous ne manquez iamais à trouuer vos défaites,
Ce n'est pas d'auiourd'huy que ie sçay qui vous estes

Et que i'ay recognu que voftre affection
D'ordinaire eft vn peu fujette à caution.
Me trompay-je ?

Elle leue fa coiffe.

ORONTE.

Ah, c'eft toy, l'agreable furprife!
Lyfette, qu'aujourd'huy le Ciel me fauorife!
Te reuoir eft vn bien que j'eftime . . . .

LYSETTE.

Tout doux,
Ie fçay trop de quel bois on fe chauffe chez vous.
Efcoutez feulement vn meffage qui preffe.

ORONTE.

Vn meffage ? & de qui ?

LYSETTE.

C'eft de voftre maiftreffe.

ORONTE.

Ce fera donc de toy.

LYSETTE.

Sans doute, il eft bon là.
Dorotée . . . .

ORONTE.

Il fuffit, j'entends fort bien cela.

LYSETTE.

Souffrez . . .

ORONTE.

Non non , ie voy le fujet de ta plainte,
Pour elle affeurément tu me crois l'ame atteinte,
Mais ne t'alarme point, quoy que l'on t'en ait dit,
Ie luy trouue auffi peu de beauté que d'efprit,
Ses graces la plufpart font graces empruntées,
Et tu vaux à mes yeux cinquante Dorotées.

LYSETTE.

Vous penfez vous railler, Monfieur, mais fur ma foy,
I'en vaux bien tout au moins vne pire que moy.

ORONTE.

Ie meure fi tes yeux n'ont fur moy tel empire
Que . . . .

LYSETTE.

I'en croy plus encor que vous n'en ſçauriez dire,
Et n'en fais point icy la ſucrée auec vous;
Mon viſage a des traits qui ne ſont pas ſi doux,
Mais d'ailleurs leur rudeſſe eſt aſſez reparée
Pour ne me croire pas tout à fait déchirée,
Cet air n'eſt pas tant ſot, ce port eſt peu commun,
Et la coiffe abatuë on me prend pour quelqu'vn,
Voyez.   *Elle abbaiſſe ſa coiffe.*

ORONTE.

Ta gaye humeur ſoûtient ta bonne mine.

SCENE VI.

ORONTE, LYSETTE, CLITON.

CLITON.

N'Eſt-ce point là mon maiſtre auecque ma co-
quine?

LYSETTE.

Si Cliton me cognoiſt, que dira-t'il de moy ?

CLITON.

Il faut qu'il lâche priſe ou qu'il diſe pourquoy.
Monſieur, & viſte & toſt, i'en ſuis tout hors d'haleine,

ORONTE.

Qu'as-tu?

CLITON.

Deſia peut-eſtre ils ont gagné la pleine.

ORONTE.

Qui?   **CLITON.**

C'eſt pour s'aller battre, & viſte à leur ſecours.

ORONTE.
Et de qui?

CLITON.
De Florame & d'Eraste.

ORONTE à *Lysette*.
J'y cours,
Vn moment me ramene.

CLITON.
Ah, gueuse reuestuë!
Les plumets donc aussi vous donnent dans la veuë!

ORONTE.
Viens donc viste, Cliton, & marchons sur leurs pas.

CLITON.
C'est assez que de vous.

ORONTE.
Vien.

CLITON.
Moy, ie n'iray pas,
S'il falloit dégainer?

ORONTE.
Maraut, me veux-tu suiure?

CLITON à *Lysette*.
On te pare vn beau coup, j'allois t'apprendre à viure.

LYSETTE.
Contre moy sa colere aura peine à tenir,
Mais que fait ma maistresse à ne point reuenir,
Il faut l'aller rejoindre & voir ce qui l'arreste.

SCENE VII.

DOROTEE *rentrant par l'autre costé du Theatre la coiffe abbatuë.*

IE ne vois plus paroiftre Oronte ny Lyfette.
I'éprouue en ce rencontre vn bizarre deftin,
Qu'vn pere m'ait contraint à rebrouffer chemin,
Et que par vn mépris que ie ne puis comprendre,
Oronte cependant n'ait pas daigné m'attendre,
Mais il reuient.

SCENE VIII.

ORONTE, DOROTEE, CLITON.

ORONTE.

Maraut, s'il t'arriue iamais...
CLITON.
Mais, Monfieur, fi Lucie....
ORONTE.
                    Il n'eft ny fi, ny mais.
CLITON.
Que faire donc ? par figne euffiez-vous pû cognoiftre
Qu'elle veut cette nuit vous voir par fa feneftre,
Et fi ie n'euffe ainfi mis l'alarme au quartier....

ORONTE.
Pourquoy n'attendre pas?

CLITON.
I'euſſe pû l'oublier,
Vous ſçauez que ie ſuis d'aſſez courte memoire.

ORONTE.
Tay-toy, demeure-là.

CLITON *regardant Dorotée.*
Qui l'euſt iamais pû croire?
L'infame encor l'attend : pauure ſouffredouleur !

ORONTE *à Dorotée.*
D'vn zele trop aueugle excuſe la chaleur,
Noſtre alarme eſtoit fauſſe, & ie réuiens encore
Te jurer que ie meurs pour toy, que ie t'adore,
Qu'en vain de Dorotée on m'oſe croire épris,
Qu'elle n'eſt à mes yeux qu'vn objet de mépris,
C'eſt vne beauté fade, & pour moy ie confeſſe
Que i'ay peine à la voir ſans tomber en foibleſſe.

CLITON.
Au Diable deuant moy le mot qu'elle répond.

ORONTE.
Ton obſtiné ſilence à la fin me confond,
Et ſans trop de rigueur tu ne peux dauantage
Tenir ainſi caché l'éclat de ton viſage.
Dûſſent mes foibles yeux s'en laiſſer ébloüir,
Il faut... *Il leue ſa coiffe.*

DOROTEE.
Gardez, Monſieur, de vous éuanoüir.

ORONTE.
Quoy, Madame, c'eſt vous?

DOROTEE.
Qui vous ſers de riſée.

CLITON.
Que voy-ie là ? Lyſette eſt metamorphoſée.

ORONTE.
Le Ciel ſçait.....   DOROTEE.
Il ne ſçait que ce qu'il doit ſçauoir,
Et moy ie ne voy rien que ce que i'ay crû voir.

Vous me paroiſſez tel que vous deuez paroiſtre,
Ie vous recognois fourbe, & vous le deuez eſtre,
Voſtre ſexe en naiſſant en preſte le ſerment.

ORONTE.

Ie pourrois appeller de voſtre jugement,
Mais ſi quelques effets démentent nos paroles,
Nous n'en apprenons l'art qu'à hanter vos écoles.

DOROTEE.

Si ie voulois parler de vos legeretez....

ORONTE.

Peut-eſtre dirions-nous tous deux des veritez,
Mais n'écoutez point tant l'ardeur qui vous em-
　　porte,
Vous ſçauez ce que vaut vn homme de ma ſorte,
Sans parler de pardon ny de crime commis,
Demeurons quitte à quitte & viuons bons amis.

DOROTEE.

Moy, qu'ainſi ie m'oublie apres vn tel outrage!

ORONTE.

Vous courez le hazard d'y perdre dauantage,
Et refuſant l'accord que i'ay ſçeu propoſer,
Vous aurez de la peine apres à m'appaiſer.

DOROTEE.

De vray, ie ſuis d'aduis que ie vous ſatisfaſſe.

ORONTE.

Mais ie vous offre enfin la paix de bonne grace.

DOROTEE.

Ce n'eſt pas ſans ſuiet que ie ſuis en couroux.

ORONTE.

Ce n'eſt pas ſans raiſon que ie me plains de vous.

DOROTEE.

Témoin ce qu'à preſent vous venez de me dire.

ORONTE.

Témoin ce qu'aujourd'huy vous auez ſçeu m'écrire.

DOROTEE.

Vous penſiez cajoler vne autre à mes dépens?

ORONTE.

Vous, d'vne double lettre auoir le paſſe-temps?

DOROTEE.

Ne me reprochez point vn simple tour d'adresse
Par où de voſtre amour i'ay cognu la foibleſſe,
Croyant qu'Eraſte & vous ne vous déguiſiez rien,
Pour guerir mes ſoupçons i'ay trouué ce moyen,
Et la trahiſon seule auec trop d'injuſtice
Vous en a fait si-toſt découurir l'artifice.

ORONTE.

Et ie vous ay porté d'abord de rudes coups,
Non que j'aye ignoré que ie parlois à vous,
Mais ie l'ay fait exprés pour vous faire cognoiſtre
Qu'en fourbant, quelquefois on ſe jouë à ſon maiſtre,
Et que ſi vous ſongez iamais à me duper
Ie ſçauray bien encor par où vous attraper.

DOROTEE.

L'excuſe eſt aſſez froide.

ORONTE.

                    Examinez la voſtre.

DOROTEE.

Enfin vous m'auez priſe & parlé pour vne autre,
Selon les loix d'amour c'eſt vn crime d'Eſtat,
Ie n'examine rien apres cer attentat,
Et veux, pour ſatisfaire à ma gloire offencée,
Vous bannir de mes yeux comme de ma penſée,
C'eſt vous traiter encor trop fauorablement.

ORONTE.

Il faudra ſe reſoudre à ce banniſſement,
Mais perdant vn ſuiet de ſi haute importance,
Ie préuoy voſtre empire en grande decadence.

DOROTEE.

Ie le releueray , perdez-en le ſoucy.

ORONTE.

Voſtre ſeul intereſt me fait parler ainſi ,
Car enfin ie vous aÿme, & n'ay point d'autre enuie
Que de ſuiure vos loix tout le temps de ma vie.

DOROTEE.

Et qui m'én répondra ?

ORONTE.   Vous, ſi vous m'écoutez.

DOROTEE.

Voyons donc vôstre fourbe à quoy vous l'imputez.

ORONTE.

L'innocence iamais n'eſt aſſez manifeſte
Qu'alors...

DOROTEE.

Ce ſoir chez moy vous me direz le reſte.
Là pour mieux m'aſſeurer de vos intentions
I'attendray vos reſpcéts & vos ſoûmiſſions.
Adieu.   **ORONTE.**

Cette retraite eſt bizarte & bien prompte.

CLITON.

Sur le point de ſe rendre elle en a fuy la honte,
Et crû qu'il valoit mieux attendre que la nuit...
Mais ie commence enfin à voir ce qu'elle fuit,
Ne le demandez plus puiſqu'Eraſte s'aduance.

SCENE IX.

ORONTE, ERASTE, CLITON.

ERASTE.

Amy, vous puis-ie dire vn mot en confidence?

ORONTE.

Vous ſçauez qui ie ſuis.

ERASTE.

I'ay ſçeu confuſément
Que Florame en ſecret depuis peu fait l'amant,
Par beaucoup de raiſons que ie ne vous puis dire
Ie tâche à découurir l'objet de ſon martyre,
Mais comme j'aurois peine à l'épier toûiours,
Ne me refuſez point icy voſtre ſecours:

Il vous

Il vous voit, il vous ayme, & ie ne sçaurois croire
Qu'il vous cache vn amour qui ne va qu'à sa gloire.
De grace, en ma faueur tâchez de le sçauoir.

ORONTE.

Ie vay tout de ce pas y faire mon pouuoir.

ERASTE.

Adieu donc, ie vous quitte.

SCENE X.

ORONTE, CLITON.

CLITON.

Auez-vous grande enuie
Qu'il sçache que Florame est épris de Lucie?

ORONTE.

Non, mais de voir Florame, & de luy faire peur
De ce qu'Eraste croit qu'il brûle pour sa sœur.
Ce soir, dis-tu, ie suis attendu de Lucie,
Et s'il craint vne fois qu'Eraste ne l'épie,
Manquant au rendez-vous de peur de tout gaster,
Ie seray libre alors d'aller luy protester.

CLITON.

Mais l'autre rendez-vous comment y satisfaire,
Car Dorotée enfin pretend . . . .

ORONTE.

Laisse-moy faire,
Tu me verras, Cliton, mettre bon ordre à tout,
Quand i'en aurois vn cent, i'en viendrois bien à bout.

Fin du second Acte.

D

ACTE III.

SCENE PREMIERE.

ORONTE, CLITON.

ORONTE.

Vne dis mot, Cliton, quelle melancholie
Fait qu'auec moy ce soir ta belle humeur
 s'oublie?
Ie t'entends soûpirer, & te plaindre à
 tous coups.

CLITON.

Ah, Monsieur, que ne suis-ie aussi content que vous?

ORONTE.

Il est vray qu'affranchy d'accompagner Florame
Qui manque au rendez-vous où l'appelloit sa flame,
I'y vay de mon costé l'esprit assez content.

CLITON.

Ie voudrois bien, Monsieur, en pouuoir dire autant,
Mais d'vn estrange mal ie sens la rude attaque.

ORONTE.

De quel mal ?

CLITON.

Mon honneur est hypocondriaque,

Et ce mal d'autant plus me tient auant au cœur
Que peu de Medecins ſçauent guerir l'honneur.
                    ORONTE.
Ie te croy ; mais, Cliton, confeſſe-moy la debte.
Tu te fâches de voir que ie ſerue Lyſette?
                    CLITON.
Au contraire , Monſieur , ſi ie ſuis en couroux
C'eſt bien pluſtoſt de voir qu'elle ſe ſert de vous.
                    ORONTE.
Simple, ne vois-tu pas que c'eſt ton aduantage
Qu'à ſes perfections ie daigne rendre hommage,
Que par là ſon merite eſt en ſon plus beau iour,
Et que ma paſſion ennoblit ton amour?
                    CLITON.
C'eſt ce que i'apprehende, & que par voſtre adreſſe
Vous ne m'alliez donner des lettres de Nobleſſe,
I'ay peu d'ambition, Monſieur, & franchement
Ie me paſſerois bien de l'ennobliſſement.
                    ORONTE.
C'eſt fort mal recognoiſtre vne faueur ſi grande.
                    CLITON.
Vous m'en faites cent fois plus que ie n'en demande.
                    ORONTE.
Va, ne te fâche point, auant qu'il ſoit huit iours
Ie pourray te laiſſer paiſible en tes amours,
Ce temps en ma faueur fera bien des miracles,
Et de ma part alors tu n'auras plus d'obſtacles.
                    CLITON.
Tandis, pour m'obliger iuſques à ce beau iour,
Vous me ferez l'honneur d'ennoblir mon amour?
Ie vous deuray beaucoup.
                    ORONTE.
                    Plus que tu ne peux croire.
                    CLITON.
Vos generoſitez vous mettront dans l'Hiſtoire.
                    ORONTE.
Cliton, ſans la flatter, Lyſette a des appas
Dont quelque effort qu'on faſſe on ne ſe deffend pas,
                    D ij

A toute autre beauté mon amour la prefere,
Et comme elle me plaiſt autant qu'elle peut faire,
Croy que c'eſt en vſer aſſez modeſtement
Que de te l'emprunter pour huit iours ſeulement.

                    CLITON.

Puiſque vous y trouuez de ſi grands auantages,
Prenez-la pour toûiours & redoublez mes gages,
Auſſi bien d'auiourd'huy i'en ſuis fort dégouſté;
Vous auez à tel point enflé ſa vanité,
Que par mépris l'infame oubliant ſa promeſſe
Ne m'a point aduerty du nom de ſa maiſtreſſe.

                    ORONTE.

Quoy, maraut, eſt-ce là le reſpect que tu dois
A celle dont mon cœur pour aymer a fait choix?

                    CLITON.

Ah, i'ay tort, mais, Monſieur, quoy que ie la reuere
Comme vn obiet fameux pour auoir ſçeu vous plaire,
Et qu'apres le haut rang où voſtre amour la met,
Ie n'en doiue parler que la main au bonnet,
Si dans quelque logis iamais ie la rencontre,
Ou qu'en paſſant chemin le hazard me la montre,
Ne pourray-ie point lors en toute humilité,
Auec tous les reſpects deus à ſa qualité,
Pour la remercier de ſes humeurs gaillardes,
Luy donner ſeulement trois ou quatre nazardes?

                    ORONTE.

Alors tu pourras prendre aduis de ton couroux;
Mais c'eſt icy le lieu de mes deux rendez-vous,
Et ie ſuis fort trompé ſi ie ne voy paroiſtre,
Malgré l'obſcurité, Lucie à ſa feneſtre.
Cliton, qu'elle me plaiſt!

                    CLITON.
                        Mais Lyſette encor plus?

                    ORONTE.
Non pas quant à preſent.

                    CLITON.
                        Vous me rendez confus,
Pour le moins Dorotée . . . .

ORONTE.
Encor moins que Lyſette.
CLITON.
Ie ne ſçay donc comment vous auez l'ame faite,
Tout maintenant . . . . . .
ORONTE.
Vois-tu, dans mon affection
Ie me repais fort peu d'imagination.
La beauté la plus viue & la plus éclatante
Ne me chatoüille plus ſi toſt qu'elle eſt abſente.
Mille attraits ſurprenants pourront m'auoir bleſſé,
Qu'à trente pas de là c'eſt autant d'effacé,
D'vn moindre éclat preſent mon ame poſſedée
Ne conſerue aucun trait de ſa premiere idée,
Et comme, quelque obiet dont ie ſuiue la loy,
Ie ne l'ayme iamais que pour l'amour de moy,
Mon cœur prend ayſément vne forme nouuelle,
Et celle que ie vois eſt toûiours la plus belle.
CLITON.
Donc, Lyſette ceſſant de s'offrir à vos yeux . . .
ORONTE.
Celles que ie verrois me plairoient beaucoup mieux,
Mais il faut s'aduancer, & la voix adoucie
Montrer vn cœur ſoûmis aux charmes de Lucie.
CLITON.
Quand vous faites deſſein de luy parler ſi doux
Vous ſouuenez-vous bien que vous eſtes jaloux?
ORONTE.
Tu me fais à propos ſouuenir de mon roole,
Ie vay ſur le plaintif accorder ma parole.

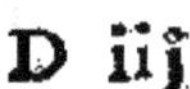

SCENE II.

ORONTE, LVCIE, CLITON.

ORONTE.

Estes-vous là, Madame?

LVCIE *à sa fenestre.*

Est-ce Oronte?

ORONTE.

Ouy, c'est moy,
Qui vous reprocherois vostre manque de foy
Si ie ne vous croyois trop iuste & raisonnable
Pour perdre vn malheureux s'il n'estoit pas coupable.

LVCIE.

Oronte, prenez-vous plaisir à m'alarmer?
Moy, ie vous puis trahir, & ne vous plus aymer!

ORONTE.

Ah, ne presumez pas que ie m'en ose plaindre,
Ma douleur par respect sçaura mieux se contraindre,
Pour grands que soient les maux dont ie ressens les
    coups,
Ils me sont precieux puisqu'ils viennent de vous,
Posseder vostre cœur m'estoit vn bien insigne,
Vous m'en voulez priuer, ie n'en estois pas digne,
Ie viens de vostre bouche en écouter l'arrest,
Et luy sacrifier mon plus cher interest,
Heureux si mon malheur ayant fait tout mon crime,
Vous m'ostez vostre amour sans m'oster vostre estime.

LVCIE.

Quelle mortelle atteinte à ce cœur amoureux!
Vous parlez de coupable & puis de malheureux,

Ah, ne me tenez point en suspens dauantage,
De grace, expliquez mieux vn si triste langage,
Et du moins pour vous plaindre auec quelque cou-
    leur,
Sçachons quel est ce crime ou quel est ce malheur.
                    ORONTE.
Vous souffrez qu'en secret vn riual vous adore,
Mon malheur, le voilà, mon crime, ie l'ignore,
Mais ie ne me puis voir si-tost abandonné
Sans m'estimer coulpable autant qu'infortuné,
Car enfin ie croirois meriter mon supplice
Si ie vous soupçonnois de la moindre injustice,
De vostre changement ie n'accuse que moy,
Vous m'auez deu punir, mais ie ne sçay pourquoy.
                    LVCIE.
La surprise où me jette vn reproche semblable...
                    ORONTE.
Ah, c'est trop differer à perdre vn miserable,
Chercher à l'adoucir c'est redoubler mon mal.
Dites qu'on me prefere vn plus digne riual,
Que c'est par mes defauts qu'éclate son merite,
Que de vos premiers feux vostre gloire s'irrite,
Qu'afin de m'aduertir de vostre nouueau choix
Vous me souffrez icy pour la derniere fois,
Et que loin de vos yeux, pour plaire à vostre enuie,
Ie dois aller traisner ma déplorable vie.
Ce coup à mon amour sera rude, il est vray,
Mais dûssay-ie en mourir, ie vous obeïray,
Auec tant de respect que ma triste presence
Ne vous reprochera iamais vostre inconstance.
                    à Cliton.
Ioüay-je bien mon rôle ?
                    CLITON.
                            Admirablement bien,
Vous seriez au besoin vn grand Comedien.
                    LVCIE.
Ce discours me surprend iusques à me confondre,
I'en pers la liberté mesme de vous répondre,

Et ne vois aucun iour à me iuftifier
Vous oyant plaindre ainfi fans rien fpecifier.
Si j'ofe toutefois dire ce que j'en penfe,
Voftre douleur, Oronte, a beaucoup d'éloquence,
Et ie la croirois moins, quoy que vous m'ayez dit,
L'effet d'vn cœur atteint qu'vn jeu de voftre efprit.
La douleur veritable , encor que violente,
N'a pour fon truchement qu'vne œillade mourante,
Elle fuit du difcours le détour odieux,
Et c'eft par les foûpirs qu'elle s'explique mieux.
Mais enfin , s'il eft vray que ie fois vne ingrate,
Nommez-moy ce riual pour qui ma flame éclate,
Et pour ne rien obmettre à conuaincre ma foy,
Dites quelles faueurs il a receu de moy.

ORONTE.

Vous contraindrez long-temps les fecrets de voftre
    ame
Si pour les découurir vous attendez Florame,
Quoy qu'il montre pour vous beaucoup de paffion
Il manquera ce foir à l'affignation,
Quelque obftacle impréueu l'empefche de s'y rendre,
Et c'eft ce que demain il viendra vous apprendre.

LVCIE.

Il fuffit, c'eft donc là ce qui vous rend jaloux?
A Florame auiourd'huy i'ay donné rendez-vous?

ORONTE.

Ie l'en ay veu tantoft dans vne ioye extréme.

LVCIE.

Vous le fçauez de luy fans doute?

ORONTE.

De luy-mefme,
Mais, helas, iufqu'où va voftre aueugle rigueur!
Vous vouliez deuant moy luy donner voftre cœur,
C'eft peu que voftre amour comble le fien de joye,
Pour mourir de douleur il faut que ie le voye.

LVCIE.

A vos lâches foupçons n'auoir rien refufé
C'eft meriter fort peu d'eftre defabufé.

Et toute autre en ma place apres vn tel reproche...
bas.

Mais ie pense entre-voir vn homme qui s'approche,
C'est mon frere, sans doute, il faut dissimuler.
haut.

Vous ne pourrez, Monsieur, auiourd'huy luy parler,
Car enfin ie ne puis précisément vous dire
A quelle heure de nuit mon frere se retire,
Tous les soirs il me quitte & ne reuient que tard,
Adieu.   *Elle ferme la feneſtre.*

ORONTE.
Quel contre-temps!

CLITON.
                    Il eſt aſſez gaillard.

ORONTE.
Pour en trouuer la cauſe en vain ie m'examine.

CLITON.
Pour fin que vous ſoyez, Monſieur, on vous afine,
L'on ʀecognoiſt la feinte auec quoy vous parlez,
Et l'on vous plante là pour ce que vous valez.

ORONTE.
Tay-toy, j'entens quelqu'vn.

SCENE III.

ORONTE, FLORAME, CLITON.

CLITON.

Qvi viue?

FLORAME.

Amy d'Oronte,

C'est Florame.

ORONTE.

Tant pis, ce n'est pas là mon conte.
Quoy, vous icy ? tantost nous auions concerté
Que. . . . .

FLORAME.

I'y viens seulement par curiosité,
Par certain mouuement d'vne secrete enuie
Sans dessein toutefois de parler à Lucie,
Mais ie la viens d'oüir qui vous disoit Adieu?

ORONTE.

Oüy.

FLORAME.

Quel suiet si tard vous améne en ce lieu?

ORONTE.

L'ardeur de voir Eraste auecque diligence,
Et de vous soulager dans vostre impatience,
Seur que quelques soupçons qu'il ait de vostre amour,
Pour l'en guerir sur l'heure il ne faut qu'vn détour,
Ma peine cependant s'est trouuée inutile,
Et j'apprens de sa sœur qu'il est encore en ville.

FLORAME.
Sans luy nier que j'ayme, il est d'autres moyens...
ORONTE.
Quels?

FLORAME.
I'y resve.
ORONTE.
Cliton, voy-tu bien que j'en tiens?
Lucie ayme Florame, & pour le satisfaire,
Le voyant, elle a feint que ie cherchois son frere,
Qu'il fait bon se fier à ce sexe changeant!
CLITON.
La meilleure en effet ne vaut pas grand argent.
FLORAME.
Pour voir sur quelque obiet sa croyance arrestée
I'ayme mieux hazarder le nom de Dorotée;
Peignez-luy son amour si fort sur mon esprit...
ORONTE.
Qu'esperez-vous par là?
FLORAME.
Tout, s'il l'approfondit,
Il pourra découurir qu'elle m'est destinée.
ORONTE.
Est-ce elle dont pour vous on traite l'Hymenée?
FLORAME.
Elle-mesme, iugez s'il me doit importer....
ORONTE.
Amy, de chez Lucie on peut nous écouter,
Esloignons-nous, ailleurs vous sçaurez ma pensée.
CLITON *à Oronte.*
Du second rendez-vous l'heure sera passée,
Songez à vous, Monsieur.
ORONTE.
N'en sois point en soucy,
Ie sçauray m'en défaire à trente pas d'icy.

SCENE IV.

DOROTEE, LYSETTE.

DOROTEE.

I'Espere voir par là sa fourbe découuerte,
Mais qu'il tarde à venir !

LYSETTE.

             La porte est entr'ouuerte,
Et d'icy là dehors la lumiere paroit.
Croyez-vous qu'il y manque ou qu'il passe tout droit?

DOROTEE.

Ne pouuant me payer que d'vne foible excuse,
Il peut. . . .

LYSETTE.

       Non, en tel cas qui ne dit mot s'accuse,
Il a l'esprit trop bon pour en demeurer là.

DOROTEE.

Que te dit-il, Lysete, alors qu'il te parla?

LYSETTE.

Que vous le rauissiez, qu'il vous alloit attendre,
Et peut-estre à dessein s'est-il voulu méprendre.
Encor qu'en croyez-vous tout de bon ?

DOROTEE.

                   Ie ne sçay,
Mais il est excusable enfin s'il m'a dit vray,
Et si c'est vne fourbe, il l'a si bien conduite
Que ie brûle de voir quelle en sera la suite.
Cependant ie ne sçay ce qui doit m'arriuer,
Ie me cherche en moy-mesme, & ne me puis trouuer,
Mais la porte a fait bruit.

LYSETTE.

LYSETTE.

C'est Oronte sans doute.

DOROTEE.

Va fermer apres luy de peur qu'on nous écoute.

LYSETTE *bas*.

Me trouuant auec elle, il sera bien surpris.

SCENE V.

DOROTEE, ERASTE, LYSETTE.

ERASTE.

OBjet le plus charmant dont on puisse estre épris.

DOROTEE.

Eraste, où venez-vous, & quelle est vostre audace?

LYSETTE.

Voicy bien du ménage, vn autre a pris sa place.

ERASTE.

Trouuant la porte ouuerte & vous oyant parler,
A cette aimable voix l'amour m'a fait voler.

DOROTEE.

Mon pere que j'attens la fait tenir ouuerte,
Retirez-vous, de grace, ou vous causez ma perte,
Il est icy tout proche, & reuiendra soudain.

ERASTE.

Helas !

DOROTEE.

Ah, remettez vos helas à demain.

ERASTE.

Quoy, sans compassion...

DOROTEE.

Mais ie l'ay de moy-mesme,

E

Car enfin ie me vois dans vn peril extréme,
Le temps presse, sortez, qui vous peut arrester?
Vous estes né, ie croy, pour me persecuter,
Me regarderez-vous toûiours sans me rien dire?

E R A S T E.

Qu'est-ce qu'on ne dit point alors que l'on soûpire?

D O R O T E E.

Ce n'est pas bien mon jeu d'écouter des soûpirs
Quand j'en ose preuoir de si grands déplaisirs,
Sortez viste, vous dis-je, & vous coulez de sorte
Que . . . mais il est trop tard, ie l'entends à la porte,
Il frape, & bien voyez, que fera-t'on de vous?

E R A S T E.

Ie suis prest, s'il le faut, d'essuyer son couroux.

D O R O T E E.

Que plûtost mille fois. . . .

L Y S E T T E.

         Pour vous tirer de peine,
Iusqu'au fond du jardin souffrez que ie le méne.
Là, vous n'en craindrez rien.

D O R O T E E.

         L'aduis est assez bon,
Va, mais outre en passant.

SCENE VI.

ORONTE, DOROTEE.

ORONTE.

Demeure-là, Cliton.
Oronte entre seul, & Cliton demeure à la porte.
Quoy, tout est disparu, certes cela m'estonne,
I'oyois icy du bruit, & n'y vois plus personne,
En vser de la sorte est fort mal proceder,
Ie ne suis pas venu pour vous incommoder.

DOROTEE.

Il semble qu'aujourd'huy vous m'ayez entreprise.

ORONTE.

Mon humeur est d'agir toûiours auec franchise,
Et j'ay peine à souffrir qu'auecque tant de soin
Vous vous cachiez de moy sans qu'il en soit besoin,
Quel que soit ce galand qu'il paroisse, n'importe,
Ma passion pour vous n'en sera pas moins forte,
Ce seroit mal répondre à ce que vous valez,
Que ne vous pas aymer comme vous le voulez,
Le change a des attraits capables de vous plaire?
Ie vous dois adorer inconstante & legere,
Autrement m'opposant à l'humeur qui vous plaist,
Ie ne regarderois que mon seul interest,
Et confondant l'amour par vn abus extréme,
Bien loin de vous aymer, ie m'aymerois moy-mesme.

DOROTEE.

C'est fort bien vous tirer d'vn pas assez glissant
Que venir m'accuser pour vous faire innocent,
Le trait est d'habile homme & bien digne d'Oronte.

ORONTE.

Vn reproche si doux ne vous fait point de honte.

DOROTEE.

Vos sentimens pour moy sont hauts & releuez.

ORONTE.

Mais ie vous vois agir comme vous le deuez,
Car enfin parmy nous il n'est point de merite
Qui d'vn plus ferme amour ne vous confesse quitte,
De tous costez en foule on vous offre des vœux,
Il n'appartient qu'à vous à faire des heureux,
Et ie tiens qu'en effet vos graces sont perduës
Quand sur vn seul objet elles sont épanduës.
Vn tresor si charmant, d'vn prix si releué,
Ne fut iamais vn bien pour vn seul reserué?
Pour moy dont vos beautez ont captiué l'hommage,
I'aspire à vostre cœur, mais ce n'est qu'au partage,
Ie ne le pretens point posseder tout entier,
Et me contenteray de seruir par quartier.

DOROTEE.

Parlons plus clairement, que me voulez-vous dire?

ORONTE.

Qu'vn riual auant moy vous contoit son martyre,
Et que si vous auez ensemble à conferer,
Ie n'y mets point d'obstacle, & vay me retirer.

DOROTEE.

De cette lâcheté vostre esprit me soupçonne
Qu'autre que vous chez moy. . .

ORONTE.

　　　　　　　　　　I'ay l'oreille assez bonne,
Et discerne ayfément dans la voix que j'entens
Si . . . .

DOROTEE.

　　Vous auez raison, j'aurois bien pris mon temps,
Vous n'auiez pas de moy ce soir parole expresse?

ORONTE.

Pour satisfaire à tout vous auez trop d'adresse,
Et par vn seul billet qui sçait répondre à deux
Peut d'vn seul rendez-vous exaucer bien des vœux.

DOROTEE.

Quoy, fur ce fondement vos lâches défiances...

ORONTE.

Non non, j'en parle encor fur d'autres apparences,
En frapant, certain bruit m'a fait iuger d'abord
Que ce feroit hazard fi ie vous plaifois fort,
On marchoit, on parloit, & fi ie ne m'abufe
I'ay pû mefme entr'oüir dans vne voix confufe,
Le voilà, ie l'entens, qu'eft-ce qu'on en fera ?
Ie n'en croiray pourtant que ce qu'il vous plaira.

DOROTEE.

Et ie prendrois plaifir à vous laiffer tout croire
Si ce honteux foupçon n'offençoit pas ma gloire,
Mais apprenez enfin, pour ne vous tromper pas,
Que j'auois fait tenir ma fuiuante icy bas,
Et que tandis qu'en haut j'auois l'œil fur mon pere...
Mais la voicy qui vient éclaircir ce myftere.

SCENE VII.

ORONTE, DOROTEE, LYSETTE.

DOROTEE.

Lysette, approchez-vous.

LYSETTE.

Dieu, qu'eft-ce que ie voy?
Lyfette fert icy !

DOROTEE *bas à Lyfette.*

Prens la faute fur toy,
Il m'importe.

ORONTE.

Voicy mes amours éuentées.

LYSETTE *bas à Oronte.*

Vaux-je encore à vos yeux cinquante Dorotées?

DOROTEE.

Qui vous entretenoit quand Oronte a frapé?

LYSETTE.

Moy?

DOROTEE.

Vous mesme, croyez qu'on ne s'est point trompé.

LYSETTE.

Me prend-on . . . .

DOROTEE.

Point d'excuse.

LYSETTE.

Ah, ma chere maistresse.

DOROTEE.

Vn galand vous parloit icy?

LYSETTE.

Ie le confesse.

Cliton commence à paroistre aussi-tost qu'il
entend la voix de Lysette.

Nous auons l'vn pour l'autre vn peu d'affection,
Mais par ma foy, ce n'est qu'à bonne intention,
Il sera mon mary.

SCENE VIII.

ORONTE, DOROTEE, CLITON, LYSETTE.

CLITON.

AH, ah, bonne hypocrite,
Ton mary !

LYSETTE.

Quoy, Cliton!

ORONTE à *Cliton qui prend la chandelle de dessus la table.*

Où t'en vas-tu si viste,
Dy ?

CLITON.

Chercher ce mary qu'on s'est attribué,
Ie reuiendray si-tost que ie l'auray tué.

ORONTE.

Arreste ta folie.

CLITON.

Ah, dans mon infortune...

ORONTE.

Console-toy, Cliton, la chance en est commune.

DOROTEE.

Estes-vous satisfait ?

ORONTE.

Oüy, si vous le voulez.

ARGANTE *derriere le Theatre.*

A la porte, Lycante, ou nous sommes volez.

CLITON.

Monsieur, nous voila pris.

DOROTEE.
                    O disgrace mortelle !
Mon pere vient jcy, prens viste la chandelle,
Et te coule auec moy dans mon appartement.
Vous, sauuez mon honneur.
                    CLITON.
                    Diable, du sauuement,
Elle nous laisse seuls.
                    ORONTE.
                    Il y va de ma gloire
De voir....   CLITON.
          Gaignons au pied si vous m'en voulez croire,
Autrement il viendra quelque méchant garçon
Qui nous estrillera de la bonne façon,
Mais c'en est desia fait.

SCENE IX.

ARGANTE, ORONTE, CLITON.

ARGANTE *l'épée à la main.*

Qve vois-ie ? c'est Oronte;
O fille dont l'amour me couurira de honte !
Meurs, lâche suborneur.
                    ORONTE.
                    Moderez ce couroux.
          CLITON *à genoux deuant Argante.*
Auant que nous tuer, Monsieur, écoutez-nous.
                    L'ARGANTE.
Quelle excuse iamais....
                    ORONTE.
                    La mienne est trop valable,

Pour eftre malheureux ie ne fuis pas coupable.
Des beautez de Lucie éperduëment épris
Cette nuit auec elle Erafte m'a furpris,
Et ne pouuant alors mieux faire l'vn ny l'autre,
Des murs de fon jardin i'ay fauté dans le voftre.

CLITON.

Iamais en moins de temps ie ne fis tel chemin.

ARGANTE.

Il eft vray qu'on a fait du bruit dans le jardin,
Et qu'ayant mis foudain la tefte à la feneftre
I'ay veu marcher quelqu'vn que ie n'ay pû cognoiftre,
Mais quoy que cette excufe ait affez de couleur,
Il ne me fuffit pas dans vn fi grand malheur,
I'en veux pour l'intereft de toute ma famille
Lire la verité fur le front de ma fille,
Son trouble ou fon repos me la feront fçauoir,
Ie reuiens.   *Argante fort.*

CLITON.

Ah, Monfieur, donnons-luy le bon-foir.

ORONTE.

As-tu peur ?

CLITON.

Moy ! non-pas, mais i'ay peu de courage,
Par tout flamberge au vent vous trouuez bien paf-
    fage,
Vous vous échaperez , & le pauure Cliton
On l'enuoyera dormir à grands coups de bafton.

ORONTE.

Efcoute, on parle icy.

ARGANTE *parlant à Erafte qu'il a*
trouué dans fa maifon , & fermant la
porte pour l'empefcher de voir Oronte.

Demeurez-là, de grace.

CLITON.

Il ferme cette porte , ah, tout mon fang fe glace.

ARGANTE *à Oronte.*

Vous m'auiez bien dit vray, fortez vifte,& fãs bruit,
Voftre ennemy... j'en tremble.

ORONTE.

Et bien ?

ARGANTE.

Il vous pourfuit.

ORONTE.

Qui ?

ARGANTE.

Le demandez-vous ? Erafte.

ORONTE.

Quoy ?

ARGANTE.

Luy-mefme,
Ie l'ay veu là dedans.

ORONTE à *Cliton.*

Voila le ftratagéme.
Par quel rare moyen ie m'en fuis éclaircy !

ARGANTE.

Vous nous perdrez tous deux fi vous tardez icy,
Dépefchez de fortir.

ORONTE à *Cliton.*

Voy quelle eft ma fortune.

CLITON.

Confolez-vous, Monfieur, la chance en eft commune,

ARGANTE *feul.*

Enfin d'vn grand malheur i'ay fçeu me garentir,
Appellons icy l'autre & le faifons fortir.

SCENE X.

ARGANTE, ERASTE.

ARGANTE *ouurant la porte qu'il*
auoit fermée en r'entrant.

ERaste.

ERASTE *bas.*
Ie ne sçay quel est tout ce mystere,
M'auoir ainsi surpris & me voir sans colere.
ARGANTE.
Ie pardonne à l'ardeur qui chez moy vous conduit,
Mais si vous m'en croyez, ne faites point de bruit,
De pareils accidens demandent le silence.
ERASTE.
Ne pensez pas. . . .
ARGANTE.
Ie sçay ce qu'il faut que ie pense.
ERASTE.
Ie doute si. . . .
ARGANTE.
Non non, ie suis assez discret.
ERASTE.
Peut-estre. . . .
ARGANTE.
De ma part, soyez seur du secret,
Adieu.
ERASTE.
Mais. . .
ARGANTE.
Il est temps que chacun se retire,
Sortez.

ERASTE.

Ie n'entends rien à ce qu'il me veut dire.

ARGANTE *seul*.

M'en voicy dégagé, j'en tremble encor d'effroy,
Ie les ay découuerts bien à propos pour moy.
Qu'à present dans la ruë ils chamaillent à l'aise,
Ils s'y battront long-temps auant qu'il m'en déplaise,
Et fi d'autres que moy ne les vont feparer,
Ils auront tout loifir de bien s'entre-bourrer!

Fin du troifiéme Acte.

ACTE

ACTE IV.

SCENE PREMIERE.

ORONTE, CLITON.

ORONTE.

QVE tu raisonnes mal ! quoy donc, tu te fi-
gures...

CLITON.

Mais j'y pers mon Latin & toutes mes me-
sures,
Et pourrois raisonner iusques au iugement
Que j'y perdrois encor tout mon raisonnement.

ORONTE.

Confesse que ie sçay, Cliton, comme il faut viure.

CLITON.

Vous allez si beau train, qu'on ne vous sçauroit sui-
ure ;
Quant à moy j'y renonce. Apres les rudes coups
Que vous reçeustes hier à vos deux rendez-vous,
Qui n'auroit pas iuré que dans vostre colere
Vous eussiez dû maudire & l'amour & sa mere,
Soûpirer & gemir tout le long de la nuit,
Ne sortir de trois iours & peut-estre de huit,
L'esprit chargé d'ennuys, le cœur gros d'amertume?

F

Cependant vous voila plus gay que de couſtume,
Vous chantez, vous danſez, vous faites l'entendu,
Et vous ſemblez n'auoir ny gagné ny perdu.
Voſtre façon d'agir eſt bien heteroclite.

ORONTE.

En quoy te ſurprend-elle ? on me quitte & ie quitte.

CLITON.

Si l'on montre pour vous quelques legeretez
On ne vous rend , Monſieur, que ce que vous preſtez,
Et Maiſtreſſe , & Suiuante , & blanche & brune & blonde,
Vous vous accommodez de tout le mieux du monde,
Voſtre haut appetit en prend à gauche , à droit,
Et rien à voſtre gouſt n'eſt trop chaud ny trop froid.

ORONTE.

C'eſt aymer à peu prés cóme il faut que l'on ayme.

CLITON.

Auſſi commence-t'on à vous aymer de meſme.

ORONTE.

Ie ne m'en fâche point.

CLITON.

A vous parler ſans fard

Ie croy que voſtre amour eſt quelque amour baſtard.

ORONTE.

Il eſt vray que ſur luy ie garde aſſez d'empire.

CLITON.

Plus ie vous examine & plus ie vous admire.
Tantoſt l'œil vif & gay vous faites le galand,
Tantoſt morne & penſif vous faites le dolent,
Icy l'air enjoüé vous contez des merueilles,
Là de ſoûpirs aigus vous perçez les oreilles,
Ie m'y laiſſe duper moy-meſme aſſez ſouuent,
Vous pleurez, vous riez, & tout cela du vent.
Quels tours de paſſe-paſſe!

ORONTE.

Et mon humeur t'eſtonne?

CLITON.

Ie n'en cognus iamais de ſi Cameleonne,

Chaque objet luy fait prendre vn jeu tout different.
ORONTE.
C'eſt ainſi que l'amour iamais ne me ſurprend,
Ie le braue, & par là rendant ſes ruſes vaines
I'en gouſte les douceurs ſans en ſentir les peines.
CLITON.
Quoy, donner tout enſemble & reprendre ſon cœur,
C'eſt amour ?

ORONTE.
C'eſt amour, Cliton, & du meilleur.
CLITON.
Mais l'amour n'eſt-ce pas vne ardeur inquiete,
(Car j'y ſuis Grec depuis que i'en tiens pour Lyſette.)
Vn friſſon tout de flame, vn accident confus,
Qui broüille la ceruelle & rend l'eſprit perclus,
Vne peine qui plaiſt encor qu'elle incommode ?
ORONTE.
C'eſt l'amour du vieux temps, il n'eſt plus à la mode.
CLITON.
Il n'eſt plus à la mode?
ORONTE.
Il eſt lourd & groſſier.
CLITON.
Que faut-il faire donc pour le modifier?
ORONTE.
Ma conduite ayſément te leuera ce doute,
Examine-la bien.
CLITON.
Ma foy, ie n'y vois goute,
Si vous voulez m'inſtruire il faut mieux s'expliquer.
ORONTE.
Eſcoute pour cela ce qu'il faut pratiquer.
Auoir pour tous objets la meſme complaiſance,
Sçauoir aymer par cœur & ſans que l'on y penſe,
En conter par couſtume & pour ſe diuertir,
Se plaindre d'vn grand mal & n'en point reſſentir,
En faire adroitement le viſage interprete,
N'aduertir point ſõ cœur de quoy que l'on promette,

D'vn menſonge au beſoin faire vne verité,
Se monſtrer quèlquefois à demy tranſporté,
Coucher de paſſion , de ſoûpirs & de flames,
Et pour ne riſquer rien en pratiquant les femmes
Les adorer en gros toutes confuſément,
Et les meſ-eſtimer toutes ſeparément,
Voyla la bonne regle.

CLITON.

O la haute ſcience !
Vous ſçauez de l'amour tirer la quinteſſence,
N'importe, pour Lyſette aduiſez, tout ou rien,
Songez pour elle-meſme à luy vouloir du bien,
Autrement . . .

ORONTE.

Sans cholere, vn iour ou deux peut-eſtre
Me feront conſentir à t'en laiſſer le maiſtre,
Ie ne ſuis pas encor dépourueu tout à fait,
Dorotée eſt fidelle , & i'en ſuis ſatisfait.

CLITON.

Mais Eraſte caché fait aſſez voir qu'on l'ayme?

ORONTE.

I'ay ſçeu toute l'intrigue.

CLITON.

Et de qui?

ORONTE.

De luy-meſme,
Que retournant chez luy hier au ſoir aſſez tard
Il s'eſtoit à ſa porte arreſté par hazard,
Que la trouuant ouuerte & la croyant entendre,
Seule auec ſa Suiuante il l'auoit pû ſurprendre,
Et qu'à peine il gouſtoit vn entretien ſi cher
Que ſon pere frappant on l'auoit fait cacher,
Voy s'il m'en doit reſter aucun ſcrupule en l'ame.

CLITON.

Vous eſtes né coiffé.

ORONTE.

Le bon eſt pour Florame.
S'il brûloit de ſçauoir qui poſſede ſon cœur

C'estoit pour Dorotée & non pas pour sa sœur,
Si bien que luy contant par quelle tyrannie
Luy donnant Dorotée on l'arrache à Lucie
Ie l'ay veu prest soudain de répondre à ses vœux
S'il rompoit vn Hymen si contraire à ses feux.
Là Florame passant, bons amis & sans peine,
A l'amour qui les picque ils ont donné leur hayne,
Et par ce doux accord leurs differents cessez
Deuant moy sans contrainte ils se sont embrassez.
                CLITON.
De sorte que Lucie à Florame est acquise?
                ORONTE.
Ouy, son frere y consent & par mon entremise.
                CLITON,
Vous ne la verrez plus?
                ORONTE.
                Moy ? comme auparauant.
                CLITON.
Mais elle vous endort d'vn espoir deceuant,
Et tandis qu'autre part sa franchise arrestée
Fait voir . . .
                ORONTE.
                I'en crûs bien hier autant de Dorotée,
Et cependant, Cliton, ie le crûs faussement.
                CLITON.
Mais celle-cy, Monsieur, vous fourbe apparemment.
                ORONTE.
Peut-estre suis-ie encor trompé par l'apparence.
                CLITON.
Quoy, vous croyez Florame assez. . .
                ORONTE.
                Voy qu'il s'aduance,
I'en puis fort aysément sur l'heure estre éclaircy.

SCENE II.

ORONTE, FLORAME, CLITON.

ORONTE.

Vous voyla satisfait, tout vous a reüſſi?

FLORAME.

Ouy, mais ce n'eſt pas tout d'auoir gagné le frere,
Voſtre ſecours, amy, m'eſt encor neceſſaire.
En vain i'ay crû ſecret mon Hymen pretendu,
Ce bruit pour mon malheur n'eſt que trop épandu,
Et l'aymable Lucie en eſt perſuadée
Iuſqu'à croire ma flame vne flame fardée.
Vous que noſtre amitié fait lire dans mon cœur,
Voyez ce cher objet, combattez ſa rigueur,
Chaſſez de ſon eſprit vn ſoupçon qui m'outrage,
Et ne dédaignez pas d'acheuer voſtre ouurage.

ORONTE.

Eſt-ce pour me joüer que vous parlez ainſi?
Si vous aimez Lucie elle vous ayme auſſi,
Vous donner rendez-vous au deçeu de ſon frere
Eſt de ſa paſſion vne preuue aſſez claire,
Et vous oſez vous plaindre : Ah vous me ſurprenez!

CLITON.

Luy ſçait-il finement tirer les vers du nez?

FLORAME.

Puiſque vous rien cacher ſeroit commettre vn crime
Sçachez que ſon amour ne paſſe point l'eſtime,
Et que ce rendez-vous qui me fait croire heureux
N'eſtoit qu'vn trait hardy de ce cœur amoureux.

A de telles faueurs bien loin qu'elle confente
J'auois par mes prefents fuborné fa Suiuante,
Qui fans qu'elle en fçeut rien me deuoit hier au foir
Donner chez elle entrée & me la faire voir,
Et ce fut la raifon qui me rendit facile
A quitter vn deffein plus dangereux qu'vtile,
En vain fans cet abus vous m'en eufliez preffé.

ORONTE.

Ie vous croyois fans doute vn peu plus aduancé,
Mais ayant fçeu leuer le plus fâcheux obftacle,
Nous n'auons pas befoin de confulter l'oracle,
La victoire eft à nous, & j'ofe m'en vanter.

FLORAME.

Vous ayant pour fecond j'aurois tort d'en douter,
Tandis, dans fon accueil après l'adueu d'vn frere
Ie vay tâcher de voir ce qu'il faut que j'efpere.

SCENE III.

ORONTE, CLITON.

ORONTE.

Et bien, Cliton?

CLITON.

J'entens.

ORONTE.

En ay-ie efté trompé?

CLITON.

Pas trop.

ORONTE.

Et l'apparence?

CLITON.

Elle m'auoit dupé,

Lucie eſt toute à vous, mais quoy qu'on puiſſe dire
Vous eſtes en adreſſe vn redoutable Sire,
Et le Diable qui met vos pechez en écrit,
S'il n'en oublie aucun, il a bien de l'eſprit.
Qui tombe entre vos mains, garde le ſtratagéme.
Enfin Lucie ?

ORONTE.
Enfin, doutes-tu ſi ie l'ayme ?

CLITON.
Fort bien, & Dorotée ?

ORONTE.
Encor plus que iamais.

CLITON.
Vous allez donc bien-toſt laiſſer Lyſette en paix ?

ORONTE.
Oüy, ſa maigre beauté n'a plus rien qui me tente,
On la ſouffre au beſoin quand la place eſt vacante,
Faute de mieux. . . .

CLITON.
De mieux ? ah, Monſieur, parlez bien,
Hors pour vn pis aller Lyſette ne vaut rien,
Et c'eſt faute de mieux qu'à la monſtre elle paſſe ?

SCENE IV.

ORONTE, LYSETTE, CLITON.

LYSETTE.

VRayment, Monfieur Cliton, vous auez bonne
        grace,
Lyfette vn pis aller ? c'eft tout ce qu'elle vaut ?
CLITON.
Me voicy bien logé.
ORONTE.
        Laiffe-là ce maraut,
Piqué de jaloufie à caufe que ie t'ayme,
Il tâche à te noircir.
CLITON.
        Moy, Monfieur?
ORONTE.
                Oüy, toy-mefme.
CLITON.
Voyez le filoutage.
LYSETTE.
        Ainfi...
CLITON.
                Foy de Cliton.
LYSETTE.
Va, i'ay trop bien oüy.
CLITON.
        Tu m'as changé le ton.
LYSETTE.
C'eft donc faute de mieux qu'à la monftre ie paffe ?

CLITON.

Ie l'ay dit en fauſſet, & tu l'as pris en baſſe.

ORONTE.

Si tu veux l'écouter il parlera toûiours.

CLITON.

Que ie puiſſe. . .

ORONTE.

Tay-toy.

CLITON.

Voicy de ſes détours,
Charge tout, i'ay bon dos.

ORONTE.

Donc, aymable Lyſette,
Tu fais ſi peu d'eſtat d'vne amour ſi parfaite !
Si long-temps ſans me voir ! Ah, ce m'eſt vn tour-
ment. . .

LYSETTE.

Ie le croy.

CLITON.

Gardons-nous de l'ennobliſſement.

ORONTE.

Ton agreable humeur prend tout en raillerie,
Mais ie te ſuis en vain ſuſpect de flatterie,
Croy-moy, quand quelque objet peut s'acquerir mes
ſoins,
Que j'y ſonge deux fois. . .

LYSETTE.

Vous l'aymez pour le moins,
Il faut ayder la lettre.

ORONTE.

Ah, douter de ma flame,
C'eſt. . . .

LYSETTE.

Non non, ie me croy bien auant dans voſtre ame,
Mais voſtre amour pourtant n'eſt chez moy qu'en
dépoſt,
Et ie cours grand hazard de le rendre bien-toſt,
Ma Maiſtreſſe. . .

ORONTE.

Tu crois que sa beauté me pique?
Va, si mon soin iamais à la seruir s'applique...

LYSETTE.

Vous la vistes donc hier pour la derniere fois?

ORONTE.

Ie m'y forçay pour toy, voy ce que tu me dois.

LYSETTE.

Pour moy?

ORONTE.

T'en défens-tu?

LYSETTE.

C'est là donner des vostres.

ORONTE.

Quoy, tu ne me crois point?

LYSETTE.

Vous en sçauez bien d'autres.

ORONTE.

Ah non, encore vn coup ie te iure ma foy
Que ie ne la vis hier que pour l'amour de toy,
I'ay pour son entretien vne haine mortelle,
Mais ayant découuert ta retraite chez elle,
Quoy qu'asseuré d'y voir vn obiet odieux,
I'y courus sur l'espoir de te parler des yeux,
Tu n'eusses pas manqué d'entendre ce langage?

LYSETTE.

Que vous estes subtil & fait au badinage!
Vous la trouuastes seule?

ORONTE.

Aussi pour m'en vanger
Ie ne m'étudiay qu'à la faire enrager,
I'eus des respects pour elle aussi rares qu'étranges,
Et pensay l'accabler à force de loüanges,
Mais elle me perdoit tant mon stile estoit haut.

LYSETTE.

Vous pourrez aujourd'huy reparer ce defaut,
Elle veut vous parler, & ie viens vous le dire.
Dépeschez, suiuez-moy.

ORONTE.

        Tu prens plaisir à rire.

LYSETTE.

Non, elle vous attend, & doit vous aduertir
Lors que vous la verrez...

ORONTE.

        Ie n'y puis consentir.

LYSETTE.

Il le faut, voudriez-vous luy laisser quelque ombrage
Que j'eusse osé manquer à faire son message?

ORONTE.

I'auray bien à souffrir.

LYSETTE.

        Allez j'y prendray part.

ORONTE.

Ie n'iray qu'à regret, ie te parle sans fard,
Et ie croy qu'ayfement tu te le persuades,
Mais dans cette entreueuë obserue mes œillades,
Au moindre mot d'amour jette les yeux sur moy,
Et quoy que ie luy die, explique tout pour toy.

LYSETTE.

Ie n'y manqueray pas : voftre affaire vaut faite.

ORONTE.

Tu railles.   LYSETTE.

Comme vous.

ORONTE.

        Ah, ie t'ayme, Lyfette,
Et pour te faire voir que dans ton entretien
Ie trouue & mes plaisirs & mon souuerain bien,
Que viure fous tes loix eft ma plus grande gloire.
Tien.   *Il fouïlle dans fa poche.*

LYSETTE.

Vous m'en diriez tant que ie vous pourrois croire.

ORONTE.

Le temps découurira ce qui femble caché.

CLITON.

Ma nobleffe s'aduance, on conclud le marché,
Ie n'en puis plus, hola.

            ORONTE.

ORONTE.
> Quel Démon te poſſede?

C L I T O N.
Puiſqu'à tous accidens vous ſçauez bon remede,
Daignez me faire grace & m'accordez vn point.

O R O N T E.
Qu'eſt-ce?

C L I T O N.
> Faites, Monſieur, que ie n'enrage point.

O R O N T E *apperceuant Lucie.*
Si…. mais que vois-ie.

C L I T O N.
> Bon, voicy quelque reſſource.

L Y S E T T E.
La fâcheuſe rencontre, il reſſerre ſa bourſe.

O R O N T E *à Lyſette.*
Quoy que j'oſe conter ne t'en étonne pas,
Nous en rirons enſemble.

L Y S E T T E *bas.*
> Il faut franchir le pas,
L'eſpoir de ſon preſent à tarder me connie.

SCENE V.

ORONTE, LVCIE, LYSETTE, CLITON.

ORONTE.

IE puis donc vous reuoir, adorable Lucie ?

L V C I E.
La joye en eſt commune, & c'eſt auec regret
Que ie vous vois quitter la douceur du ſecret.

Vous eſtiez, ie m'aſſeure, en haute confidence?
　　　　　ORONTE.
Quoy, vous me ſoupçonnez de quelque intelligence,
Et croyez ſa rencontre vn ſecret entretien?
Cliton ſçait…
　　　　　CLITON.
　　　Oüy, mon maiſtre eſt vn amant de bien.
　　　　LVCIE *monſtrant Lyſette.*
Donc ce nouuel objet qui paroit à ma honte…
　　　　　CLITON.
Il luy parloit d'amour, mais c'eſtoit pour mon conte.
　　　　　ORONTE.
Si vous croyez ce fou…
　　　　　LVCIE.
　　　　　　Ie ſçay ce que ie voy,
Et ſuis bien reſoluë à n'en croire que moy.
　　　　　ORONTE.
Quoy donc, c'eſt tout à bon que vous iurez ma perte?
　　　　　LVCIE.
La perſecution que pour vous i'ay ſoufferte,
Quand vn frere obſtiné pour Florame aujourd'huy…
　　　　　ORONTE.
Auſſi ſans vanité vaux-ie vn peu mieux que luy,
L'obeïſſance iroit à voſtre prejudice,
Et vous vous obligez en me rendant iuſtice.
　　　　　LVCIE.
Gardez que pour punir voſtre preſomption
Ie n'oſe enfin la rendre à ſon affection.
　　　　　ORONTE.
Quitte de trois ſoûpirs à groſſir l'ordinaire,
Mais conſultez-vous bien auant que d'en rien faire,
Sur tout, de voſtre cœur obtenez-en l'adueu.
　　　　　LVCIE.
Quoy, ma perte en effet vous toucheroit ſi peu?
　　　　　ORONTE.
Quoy, vous vous trahiriez, & j'aurois la folie
De me donner en proye à la melancholie?
S'en pique deformais qui voudra s'en piquer,

La douleur hier au soir me pensa suffoquer,
De Florame & de vous ayant sceu la pratique,
Ie vins au rendez-vous confus , melancholique,
I'y pleuray, j'y gemis, j'y joüay de mon mieux,
Et fis ce que ie pûs pour mourir à vos yeux,
Mais i'en trouue l'vsage vn peu trop incommode,
Et tiens qu'il n'est rien tel que d'aimer à la mode.
              LVCIE.
Dites à voftre mode , en trompeur , en ingrat.
              ORONTE.
L'amour en eft plus gay s'il eft moins delicat,
Et quand on s'y refout iamais de jaloufie,
Iamais . . .

              LVCIE.
      Donc fans raifon mon ame en eft faifie,
Et ie dois démentir le rapport de mes yeux?
              ORONTE.
Les détourner à gauche eft quelquefois le mieux,
Faifons que cette regle entre nous foit commune,
Viuons à cœur onuert, fans défiance aucune,
L'vn l'autre fans foupçon croyons-nous fur la foy,
Ie n'en ay point de vous , n'en ayez point de moy.
Quand ie vous le diray croyez que ie vous ayme,
Quand vous me le direz ie le croiray de mefme,
Tant qu'ainfi nous viurons noftre marché tiendra,
Au moindre changement noftre marché rompra.
              LVCIE.
Le veritable amour a des loix plus fublimes,
Nous en ferions vn monftre en fuiuant ces maximes.
              ORONTE.
Les fuiuant comme il faut, nous ferions feulement
Qu'il feroit vn plaifir & non pas vn tourment.
              LVCIE.
Ah, qui dans fon amour voit le moindre partage,
S'il n'en meurt de douleur il n'a point de courage.
              ORONTE.
S'il falloit qu'en effet cette maxime euft cours,
Nous ferions en danger de mourir tous les iours,

Est-il legereté comparable à la voftre?
Tout le fexe eft changeant, hier l'vn, aujourd'huy
    l'autre.

LVCIE.

Feignez pour mieux fourber de craindre ce malheur,
Mais combien apres tout en font morts de douleur?
A ces facheux reuers combien n'ont pû furuiure?

ORONTE.

L'exemple eft dangereux, ie renonce à le fuiure.

LVCIE.

Pour vn fi bel effort voftre cœur eft trop bas.

ORONTE.

L'entreprenne qui veut, ie luy cede le pas.
Quãd ie mourrois pour vous d'angoiffe & de martyre,
Et que deux ou trois iours on vous entendroit dire,
C'eftoit vn braue amant, c'eft pour moy qu'il eft mort,
Helas, i'en ay regret : I'y gagnerois tres-fort.

LVCIE.

N'eft-ce rien d'acquerir vne illuftre memoire?

ORONTE.

Me preferue le Ciel d'vne fi trifte gloire.

LVCIE.

Cependant, vous direz encor que vous m'aymez?

ORONTE.

Confultez-en mon cœur, ce cœur que vous charmez.

SCENE VI.

ORONTE, ERASTE, LVCIE, LYSETTE, CLITON, LISTOR.

ERASTE *à Listor.*

ILs s'adorent, te dis-ie, on me l'a fait cognoistre.
LVCIE *abaissant sa coiffe.*
Voicy mon frere, ô Dieu!
ERASTE.
Mais ie le voy le traistre.
LISTOR.
Vne Dame auec luy . . .
ERASTE.
Ie n'en sçaurois douter,
C'est Dorotée.
LVCIE *à Oronte.*
Enfin songez à me quitter.
ERASTE *montrant Lysette à Listor.*
Cette nuit au jardin conduit par sa Suiuante,
Ie la recognois trop.
ORONTE *à Lucie.*
Faut-il que j'y consente?
LVCIE.
Oüy, ie veux qu'auant moy vous partiez de ce
lieu,
Ne perdez point de temps, & me dites adieu.
ORONTE.
I'obeys. Toy, Cliton.

CLITON.

Que faut-il encor faire?

ORONTE.

Arreste icy Lysette, & l'oblige à se taire,
Promets-luy pour cela tout ce que tu voudras.

Oronte s'en va par vn costé, & incontinent apres
Lucie s'en va par l'autre.

LISTOR *à Eraste.*

Elle s'en va.

ERASTE.

L'ingrate ! il faut suiure ses pas,
Car sans doute à dessein sa Suiuante est restée
Afin de me nier que ce soit Dorotée,
Mais la suiuant de loin ie rends vains tous ses traits.

SCENE VII.

CLITON, LYSETTE.

CLITON.

DE quel air me prendray-ie à faire le mauuais?

LYSETTE.

Cliton.

CLITON.

Point de quartier.

LYSETTE.

Quoy, tu fais le seuere?

CLITON.

Va te pouruoir ailleurs.

LYSETTE.

Tu gardes ta cholere,

Cliton?   CLITON.

Oüy, ie la garde, & la garderay bien.

LYSETTE.

Regarde moy.

CLITON.

Non.

LYSETTE.

Mais...

CLITON.

Ie n'en rabatray rien.

LYSETTE.

Tu m'abandonnerois, toy que met hors de mise
Ton poil desia grison & ta nazillardise,
Tu m'abandonnerois moy que tu ne vaux pas,
Moy dont vn monde entier adore les appas,
Moy dont tu vois l'amour à l'enuy pourfuiuie
Faire qu'on te regarde auec vn œil d'enuie,
Enfin moy qui m'abaissc à t'aymer....

CLITON.

Enfin toy
Qui rends ma bourse nette & te mocques de moy.

LYSETTE.

C'est aussi par tes dons qu'on me voit si poupine.

CLITON.

Diable, ie t'apprehende, & ta chienne de mine.
A present deuant moy tu prens des libertez
Qui refroidiffent bien mes liberalitez,
Chacun t'en vient conter.

LYSETTE.

Oüy, mais pour des paroles,
Sans donner rien de plus, 'attrape des piftoles.

CLITON.

Et par cette raison ie m'en dois confoler ?

LYSETTE.

Cliton, parlons François au lieu de quereller.
Tu cognois mon humeur, tu cognois ma methode,
I'ayme à changer d'habits, i'ayme à fuiure la mode,
I'achepte tous les iours quelque meuble nouueau,
Ie fais couper, tailler, & toûiours du plus beau,
Tantoft chez le Mercier, tantoft chez la Lingere,

Et tant que i'ay dequoy ie ne m'épargne guere.
Vois-tu bien ? cela couste, & tant d'ajustement
Ne se fait ny par sort ny par enchantement.
Tes gages, quels qu'ils soient, à peine sont capables
De me fournir de gands & de nipes semblables,
Et si ie ne souffrois qu'on m'en contast vn peu
Ie viendrois au rabais, ou ie jouërois beau jeu.

CLITON.

C'est bien fait, mais viença, dy-moy quels auantages
Iusqu'icy i'ay trouuez à te donner mes gages,
Pour toy de iour en iour ma passion s'accroit,
Et ie ne t'ose encor toucher au bout du doigt.

LYSETTE.

Ne te suffit-il pas de sçauoir que ie t'ayme ?

CLITON.

Tu m'aymes !

LYSETTE.

En douter c'est te tromper toy-mesme,
Tu le vois trop.

CLITON.

I'ay donc la berluë en amour.

LYSETTE.

Ie soûpire pour toy plus de six fois par iour.

CLITON.

C'est vn grand reconfort à soulager vne ame.

LYSETTE.

Estimes-tu si peu ces marques de ma flame?

CLITON.   (ment,

C'est toûiours mieux que rien, mais parlons franche-
L'amour, comme tu sçais, est vn enfant gourmand,
Et pour rassasier sa faim trop conuoiteuse
Ie trouue des soûpirs vne viande bien creuse.

LYSETTE.

Ie perds temps auec toy, tu n'aymes qu'à jaser,
Et tes sottes raisons ne font que m'abuser.
Adieu.   CLITON.

Dy-moy, ta langue est-elle mercenaire?
Et pour vingt escus d'or te voudrois-tu bien taire ?

LYSETTE.

Au lieu d'vne cent fois.

CLITON.

L'effort est grand pour toy.

LYSETTE.

I'en viendray bien à bout, repose-t'en sur moy.
Peux-tu me les donner ?

CLITON.

Oüy, i'en ay charge expresse
Si tu retiens ta langue auprés de ta maistresse.
Mon maistre. . .

LYSETTE.

Ie tairay son infidelité.
Voyons donc ton argent.

CLITON.

Il n'est pas bien conté.

LYSETTE.

Quoy ! les vingt escus d'or ne sont qu'en esperance ?

CLITON.

I'en répons, que t'importe ?

LYSETTE.

O la bonne asseurance !
Va, croy que de ce pas ie vay la détromper.

CLITON.

Garde aussi qu'il ne sçache à son tour t'attraper.

Fin du quatriéme Acte.

ACTE V.

SCENE PREMIERE.

ARGANTE, DOROTEE.

DOROTEE.

AIS du moins attendez que mon ame étonnée
Ait pû se disposer à ce triste Hymenée,
Et sans précipiter . . .

ARGANTE.

Vous esperez en vain
M'obliger par priere à changer de dessein,
Ie voy quel est le vostre, & ie lis dans vostre ame.
I'ay donné ma parole au pere de Florame,
Il faut que ie la tienne, il m'en presse, & ie veux
Que dés demain l'Hymen vous vnisse tous deux.

DOROTEE.

Mais vous voyez de moy qu'il tient si peu de conte
Qu'à peine. . . . .

ARGANTE.

C'est l'effet du bruit qui court d'Oronte,
On dit qu'il vous en veut, & Florame alarmé
Semble craindre auiourd'huy de n'estre pas aymé,
Ie le remarque trop à son inquietude;
Et comme ce faux bruit luy porte vn coup bien
rude,

Pour le faire auorter & le voir fatisfait,
De cet heureux Hymen ie dois preffer l'effet,
Songez-y donc, Adieu, ie vay trouuer fon pere
Pour aduifer enfemble à ce qu'il faudra faire.

DOROTEE *feule.*

Vous refoudrez en vain cet Hymen odieux,
Dans le choix d'vn mary ie ne croy que mes yeux.
Mais Lyfette reuient, Amour, prens ma défence.

SCENE II.

DOROTEE, LYSETTE.

DOROTEE.

I'Attendois ton retour auecque impatience,
Et bien, l'as-tu trouué ? que t'a-t'il répondu ?
Parle.

LYSETTE.

Ie l'ay trouué tout enfemble & perdu.

DOROTEE.

Il auroit refufé d'écouter ton meffage ?

LYSETTE.

Vous ne cognoiffez pas encor le perfonnage,
Il fçait trop pour cela comme on vit aujaurd'huy.

DOROTEE.

Dy-moy donc promptement, que croiray-ie de luy?
Sçait-il que ie l'attends ? viendra-t'il ? le verray-ie ?

LYSETTE.

Sans doute qu'il viendra, mais gardez-vous du piege,
Et fi vous m'en croyez, rendez-luy de grand cœur
Fleurette pour fleurette, & douceur pour douceur,
Ne vous engagez point plus auant qu'il s'engage.

DOROTEE.

Qui te peut obliger à tenir ce langage?
Est-il fourbe? inconstant?

LYSETTE.

Ie ne sçay ce qu'il est,
Mais vous en iugerez, écoutez s'il vous plaist.
Nous nous sommes l'vn l'autre abordez dans la ruë,
Où me riant au nez aussi-tost qu'il m'a veuë,
Auecque tant de ioye il est vers moy couru
Qu a bon escient pour vous ie l'ay crû lors feru.
Mesme chose à l'oüir; d'abord toute asseurance
De ne sortir iamais de vostre obeïssance,
Mais à peine pour vous il me vantoit son feu,
Qu'vne Dame arriuant, c'est là le beau du jeu.
Sans dire quoy ny qu'est-ce, au mépris de sa flame
Le causeur est allé luy chanter mesme game,
Et sur l'heure à mes yeux sans autre compliment
S'est mis à cajoler fort gracieusement.

DOROTEE.

Quoy, deuant toy l'ingrat auroit eu l'impudence
De mettre lâchement au iour son inconstance,
De luy parler d'amour?

LYSETTE.

Cüy, vous dis-ie, à mes yeux.

DOROTEE.

Il fourbe donc, le traistre.

LYSETTE.

Il s'y cognoit des mieux.

DOROTEE.

Mais cette Dame enfin qu'est-elle deuenuë?
Acheue.   LYSETTE.

Apres l'auoir long-temps entretenuë,
Tout à coup (mais sans doute ils l'auoient concerté)
Ils ont tiré tous deux chacun de leur costé.

DOROTEE.

Et pour sçauoir son nom tu ne l'as point suiuie?

LYSETTE.

Ie l'ay tâché, Madame, & i'en brûlois d'enuie,

Mais

Mais le valet d'Oronte a rompu mon deſſein,
Qui m'ayant ſçeu couler quelque douceur en main
Pour arrhes qu'il feroit encor toute autre choſe,
M'a promis monts & vaux moyennant bouche cloſe,
Mais moy, *Sçachons vn peu pour qui vous me prenez*
Puis luy jettant ſoudain ſes eſcus d'or au nez,
Va marouſle, ay-ie dit, ie ne ſuis point traiſtreſſe,
Et ne ſçay ce que c'eſt de vendre ma maiſtreſſe,
Si i'ay beſoin d'argent, ſans luy manquer de foy,
Elle en a de reſerue & pour elle & pour moy,
Et lors ſi contre luy j'euſſe crû mon courage...

DOROTEE.

Ton zele me rauit.

LYSETTE.

Ie petillois de rage,

Moy vous trahir, vous vendre ! ô qu'il s'addreſſoit
   bien !
Il auroit pû m'offrir....

DOROTEE.

Va, tu n'y perdras rien,

Admire cependant aux termes où nous ſommes,
Combien j'auois raiſon de haïr tous les hommes,
Puiſqu'Oronte, en faueur de qui ce triſte cœur
Relâchoit vn orgueil qui fait tout mon bonheur,
Cet Oronte me fourbe, il me joüe, il me braue,
Et pris en d'autres fers, feint d'eſtre mon eſclaue.
Mais qu'à propos ſa feinte a ſçeu ſe découurir !
Auec ce lâche amant j'eſtois preſte à m'ouurir,
A prendre ſon aduis pour rompre vn Hymenée...

LYSETTE.

Vous l'eſperez en vain, la parole eſt donnée,
Voſtre pere vous preſſe, & pourra tout ſur vous.

DOROTEE.

Il a beau me preſſer, ie rompray tous ſes coups.

LYSETTE.

Mais Florame luy plaiſt, il le ſouhaite, il l'ayme.

DOROTEE.

Florame en vn beſoin m'y ſeruira luy-meſme.

H

Pour rechercher iamais cette triste vnion
Il est trop aduerty de mon aduersion.
En vain de nos vieillards l'impuissante manie
Veut sur nos volontez vser de tyrannie,
Dans toutes nos froideurs l'vn & l'autre d'accord
De leur authorité nous craignons peu l'effort,
Mais qui ferme la porte, & que pretend-on faire?

SCENE III.

DOROTEE, LVCIE, LYSETTE.

LVCIE auec sa coiffe abbatuë.

Madame, sauuez-moy des poursuites d'vn frere,
Il tâche à me cognoistre, & son esprit jaloux
De quelque promenade est peut-estre en couroux.
En vain par cent détours allant de ruë en ruë
I'ay crû que dans la presse il me perdroit de veuë,
Il m'a toûiours suiuie, & marchant sur mes pas
M'a contrainte à la fin pour ne me perdre pas
D'entrer ainsi chez vous où j'implore vostre ayde
Pour trouuer à ma crainte vn asseuré remede,
Cognoissez qui le cherche.　　　*Elle leue sa coiffe.*

DOROTEE.
　　　　　Ah, Lucie, est-ce vous?
LVCIE.
C'est moy que le chagrin d'vn frere trop jaloux...
Mais il frappe desia : Pour me seruir d'azyle
Feignez de reuenir maintenant de la ville,
Ie vous laisse ma coiffe.
　　　Elle met sa coiffe sur la teste de Dorotée.

DOROTEE.

Il faut donc vous cacher.

LVCIE.

I'entre icy.

LYSETTE *à Dorotée.*

Sçauez-vous …

DOROTEE.

Veut-on se dépescher?

Qu'on ouure.

LYSETTE *allant ouurir.*

Elle a beau faire, elle payera la debte.

DOROTEE.

Que croira-t'il de moy?

SCENE IV.

ERASTE, DOROTEE, LYSETTE.

DOROTEE *donnant sa coiffe à Lysette,*
comme feignant de reuenir de la ville.

PRens ma coiffe, Lysette.
Lysette sort, & r'entre sur la fin de la Scene.

ERASTE.

Pardonnez vn abord qui me rendra suspect
De manquer enuers vous d'amour ou de respect,
Ie suis mon desespoir, & ne retiens qu'à peine
Les flots impetueux du couroux qui m'entraine.

DOROTEE.

Vostre mauuaise humeur aujourd'huy me surprend,
Ie croyois vostre esprit dans vn calme si grand
Qu'aux plus rudes assauts toûiours inébranlable

H ij

Du moindre emportement vous fussiez incapable.
ERASTE.
Ie le suis pour toute autre, & trop d'amour pour
   vous
Est cause…
DOROTEE.
Quoy, ie suis l'objet de ce couroux?
ERASTE.
Niez l'ingrat mépris dont vous payez ma flame,
Niez que mon Riual puisse tout sur vostre ame,
Que de vos trahisons mes yeux soient les témoins.
DOROTEE.
Croyez-moy, vous resvez, Eraste.
ERASTE.
      Mais du moins
Vous tomberez d'accord qu'on peut vous auoir veuë
Dans quelque confidence au milieu de la ruë.
DOROTEE.
Moy?
ERASTE.
Ie vous ay suiuie apres vos Adieux faits,
I'en croy mes yeux.
DOROTEE.
Vos yeux. …
ERASTE.
    Ils ne mentent iamais.
Mais pour vous mieux conuaincre, & vous couurir de
   honte,
Peut-estre il suffira de vous nommer Oronte.
DOROTEE.
Oronte?
ERASTE.
Ouy ce galand auec qui vous estiez,
Qui vous faisoit sa cour, & que vous écoutiez,
Le nierez-vous encor?
DOROTEE *bas*.
    Ie sers donc ma riuale,
O Ciel! quelle surprise à la mienne est égale!

ERASTE.

De voſtre trahiſon ce ſilence eſt l'adueu,
Enfin j'ouure mes yeux pour eſteindre mon feu,
J'adorois vne ingrate, & le Ciel fauorable
Pour me deſabuſer me la fait voir coupable.

DOROTEE.

C'eſt aller trop auant, mais par bonté, ie croy
Que vous ne ſçauez pas que vous parlez à moy,
Et veux bien pardonner aux chaleurs indiſcretes
Qui vous font oublier qui ie ſuis, qui vous eſtes,
Et qui de ce reproche armant voſtre couroux
Ne vous permettent pas de bien penſer à vous.

ERASTE.

Ie n'y penſe que trop, & ſi ie vous accuſe....

DOROTEE.

Quoy, vous continuez! j'en ſuis pour vous confuſe,
Voſtre raiſon, Eraſte, eſt ſans doute en defaut,
Mais ſçachons qui vous porte à prendre vn ton ſi
    haut?
Oronte, dites-vous, a ſçeu toucher mon ame?
Eſt-ce vn crime pour moy que d'eſtimer ſa flame?
Que vous ay-je promis qui m'en puiſſe empeſcher?
Quels ſerments violez m'oſez-vous reprocher?
Si pour grande faueur vous contez vne lettre,
A voſtre vanité ceſſez de trop permettre,
J'ayme à donner la baye, & pour la pouſſer loin
J'eſcrirois cent billets s'il en eſtoit beſoin,
Vous regalant ainſi ie n'ay cherché qu'à rire,
Les termes en font foy, vous n'auez qu'à bien lire.

ERASTE.

Quoy, me railler encor! c'eſt donc là tout le fruit
Qu'vne flame ſi pure à la fin m'a produit?
Apres deux ans perdus en deuoirs, en ſeruices...

DOROTEE.

Ces deuoirs quelquefois tiennent lieu de ſupplices.

ERASTE.

Voſtre orgueil enuers moy ne ſe peut démentir,
Vous me tirez d'erreur, & i'en veux bien ſortir,

De l'infidelité ne craignez point la honte,
Abandonnez Erafte, & viuez pour Oronte,
Ie romps mes triftes fers que j'eftimay fi doux,
Et pour ne rien garder qui me parle de vous,
Ce billet dont l'appas auoit pû me furprendre,
I'en faifois vn trefor, ie m'offre à vous le rendre.

DOROTEE.

Ce fera m'obliger, donnez donc promptement.

ERASTE.

Oüy, ie vous le rendray, n'en doutez nullement,
Ie cours chez moy, Madame, & ie vous le rapporte.

SCENE V.

DOROTEE, LYSETTE.

LYSETTE.

ET bien, le Ciel enfin vous rît de bonne forte.
Celle dont ie parlois, la riuale beauté
A qui le fourbe Oronte a fi bien protefté,
Elle eft entre vos mains, la voulez-vous plus belle?

DOROTEE.

Ie le fçay, cependant ie foûtiens fa querelle.

LYSETTE.

I'en ay tantoft fouffert, mais à prefent il faut.....

DOROTEE.

Elle pourroit t'oüir, ne parle point fi haut.

LYSETTE.

Madame, elle n'a garde, elle eft trop éloignée,
Iufques dans le jardin fa crainte l'a menée,
Où pour vous rendre grace elle attend mon retour,
Ie l'y viens de quitter.

DOROTEE.
Pour vanger mon amour,
Et donner prompt obstacle aux desseins de mon
traistre,
Il faut adroitement.... mais que vois-ie paroistre?

SCENE VI.

DOROTEE, LYSETTE, CLITON.

CLITON.
Lysette.

LYSETTE.
C'est Cliton. Ton maistre tarde bien.

CLITON.
Peut-il entrer ?

LYSETTE.
Oüy, va.

CLITON.
Mais...

LYSETTE.
Qu'il ne craigne rien,
Le bon-homme est sorty, qu'il vienne.

Cliton r'entre.

DOROTEE.
Enfin, Lysette,
Tu vois qu'en mes filets l'vn & l'autre se jette,
Si leur amour est né du mépris de mes feux
Ie sçauray d'vn seul coup me vanger de tous deux.

LYSETTE.
Mais suiuant les transports de vostre jalousie
Gardez....

DOROTEE.

Dans le jardin va retrouuer Lucie,
Puis lors que tu croiras qu'Oronte soit icy
Fay-l'en sortir soudain pour y venir aussi,
Et sur le point d'entrer arreste-la de sorte
Qu'elle nous puisse entendre estant à cette porte.
Il ne manquera pas de me parler d'amour,
Et lors, laisse-moy faire, à beau jeu beau retour.

LYSETTE.

L'appas est delicat, vous l'y pourrez surprendre.

DOROTEE.

Va donc viste, aussi bien ie croy desia l'entendre,
Le voicy.

SCENE VII.

ORONTE, DOROTEE, CLITON.

CLITON.

Qvoy, Monsieur...

ORONTE.

Oüy, ie te le promets,
I'y renonce, & Lysette est à toy desormais.

CLITON.

De bon cœur ?

ORONTE.

De bon cœur, & sans reserue aucune.

CLITON.

Grand mercy, maintenant poussez vostre fortune.

ORONTE à Dorotée.

Quelque cher que me soit l'honneur que j'en reçoy

Ie veux mal aux bontez que vous auez pour moy,
Puisqu'attendu de vous , l'on peut mettre en balance
Si ie viens par amour ou bien par complaisance,
Et que voftre ordre exprés peut faire préfumer
Que c'eft vous obeïr & non pas vous aymer.

       LYSETTE paroiffant auec Lucie qu'elle
        oblige incontinent de r'entrer.

Vn Caualier, Madame, eft encor auec elle,
Demeurez.

          LVCIE.
C'eft Oronte , ah l'ingrat ! l'infidelle !

        DOROTEE.
Me furprendre d'abord auec ce compliment
C'eft préuenir ma plainte affez adroitement,
Vous-mefme apprenez-moy ce qu'il faut que j'en
    croye.

         ORONTE.
Vous le pouuez cognoiftre à l'éclat de ma ioye.

        DOROTEE.
I'en foupçonne l'adreffe.

         ORONTE.
       Auec peu de raifon.

        DOROTEE.
Souuent vn beau dehors cache vne trahifon.

        ORONTE.
Pour plus de feureté n'en croyez que vous-mefme,
Confultez voftre cœur, il fçait fi ie vous ayme.

        DOROTEE.
Il m'en fait donc fecret.

         ORONTE.
       Moins que vous ne penfez,
Si vous daignez l'entendre il vous en dit affez;
Et d'ailleurs ce deuoir dont mon amour s'acquite....

        DOROTEE.
Peut-eftre eftant forcé n'eft pas de grand merite.

        ORONTE.
L'hommage que ie rends aux yeux qui m'ont bleffé
Pafferoit-il chez-vous pour vn deuoir forcé ?

Cet hommage si pur, sans mélange, sans tache,
Et qui n'a rien en soy de honteux ny de lâche ?

DOROTEE.

Vous l'éleuez bien haut.

ORONTE.

　　　　　　　　N'en ay-ie pas suiet
Puisque de mon amour vos vertus sont l'obiet,
Qu'en vous est le motif qui fait que ie vous ayme,
Et que c'est seulement à cause de vous-mesme?

DOROTEE.

Ie puis donc m'asseurer qu'il durera toûiours
Ce rare & digne amour qui de moy prend son cours,
Car encor que du temps le pouuoir soit extréme,
Me peut-il faire enfin cesser d'estre moy-mesme ?

ORONTE.

Aussi me feriez-vous vn outrage mortel
D'attendre moins de moy qu'vn hommage eternel.

DOROTEE.

Vous en parlez, ce semble, auec tant de franchise,
Que i'ay quelque suiet de craindre vne surprise.

ORONTE.

Quoy, vous vous défiez de ma sincerité?

DOROTEE.

On hazarde à tout croire auec legereté.

ORONTE.

Mais vn espoir fondé sur de si grands merites
Trahit qui le souftient en souffrant des limites,
Il doit se tout promettre, & sur ce ferme appuy
Pretendre à tous les cœurs qu'il croit dignes de luy.

DOROTEE.

C'est ainsi qu'aussi-tost que le vostre soûpire
Il se tient asseuré de tout ce qu'il desire?

ORONTE.

C'est ainsi que sans crainte & sans émotion
Ie vois briguer sous main vostre inclination,
Ie vous rends mes respects, Eraste vous proteste,
Vous auez de bons yeux , qu'ay-ie à douter du
　　reste ?

DOROTEE.

Vos merites vous sont vn presage asseuré
D'emporter la balance & d'estre preferé.

ORONTE.

D'vne & d'autre façon ie sçay me satisfaire,
L'on merite mes soins alors qu'on me préfere,
Et quand l'heur d'vn tel choix ne tombe point sur
    moy
L'on montre vne ame basse, & ie reprens ma foy.

DOROTEE.

M'accuseriez-vous bien d'vne telle bassesse,
Et ce reproche adroit est-ce à moy qu'il s'adresse ?

ORONTE.

Vn peu trop de scrupule à vostre amour est joint,
Des termes si communs ne vous regardent point,
Mais j'oys là du bruit.

DOROTEE *contrefaisant l'estonnée.*

    Où?

ORONTE.

        Vous semblez inquiete,
Vous regardez.....

DOROTEE.

    De l'œil ie cherche icy Lysette,
Il m'a semblé la voir.

ORONTE.

    Vous l'auez veuë aussi.

DOROTEE.

Qu'est-elle deuenuë ?

ORONTE.

    Elle est entrée icy,
Ie m'en vay l'appeller.

DOROTEE *feignant de l'arrester auec empressement.*

    Dieu, que voulez-vous faire?

ORONTE.

Vous rendre de mon zele vne preuue legere.

DOROTEE.

Toûiours d'vn vil soupçon vostre amour est taché,

Mais croyez que chez moy si quelqu'vn est caché,
Sans m'en auoir parlé ma Suiuante est capable...
ORONTE.
Mais encor qui vous dit que vous soyez coupable ?
C'est parler cette fois vous-mesme contre vous.
DOROTEE.
I'ay lieu de craindre tout d'vn naturel jaloux,
Vous m'accusastes hier, & depuis ce reproche....
ORONTE.
Trouuez bon seulement que Lysette s'approche.
DOROTEE l'arrestant toûiours.
Sous ce prettxte feint vos soupçons imprudents
Veulent...
ORONTE.
Souffrez.
CLITON.
Sans doute Eraste est là dedans,
Tenez ferme, Monsieur, ayons-en l'ame nette
Pour n'estre plus leurrez d'vn mary de Lysette.
DOROTEE.
Suiuez vostre caprice, & ne monstrez icy...
ORONTE.
Vous vous alarmez trop. Lysette.

SCENE

SCENE VIII.

ORONTE, DOROTEE, LVCIE, LYSETTE, CLITON.

LVCIE.

La voicy.
R'asseurez voftre efprit, c'eft à tort qu'il s'eftonne.
CLITON.
Voicy bien des Marchands, la foire fera bonne.
ORONTE.
Quels embarras iamais furent moins efperez!
CLITON.
Vous auez l'efprit bon, vous vous en tirerez.
LVCIE.
Et bien, perfide amant.
DOROTEE.
Et bien, amant volage.
LVCIE.
Entre nous tour à tour voftre cœur fe partage?
DOROTEE.
Trompeur.   LVCIE.
Parjure.
DOROTEE.
Fourbe.
LVCIE.
Ame double & fans foy.
DOROTEE.
Ingrat.
LVCIE.
Traiftre.

I

ORONTE.
Est-ce assez déclamé contre moy?
LVCIE.
Apres tant de serments, tant de promesses fausses...
CLITON.
De crainte d'accident, Monsieur, tirons nos chausses,
Si la moindre des deux nous sautoit au collet,
Adieu, ce seroit fait du maistre & du valet.
DOROTEE.
Enfin la verité malgré toutes vos feintes...
ORONTE.
De grace, dites-moy le suiet de vos plaintes.
LVCIE.
Demandez-vous encor qui nous peut indigner?
ORONTE.
Oüy, puisque ie n'ay pas le don de deuiner.
LVCIE.
Nier des trahisons qui sont en éuidence
A l'infidelité c'est joindre l'impudence.
ORONTE.
Ne me condamnez point sans me dire pourquoy.
DOROTEE.
Vous ne m'auez pas dit que vous brûliez pour moy,
Que vostre passion alloit iusqu'à l'extréme?
ORONTE.
Ie vous le dis encor de nouueau, ie vous ayme.
LVCIE.
Quoy, vous l'aymez, parjure, apres m'auoir cent fois
Iuré que vostre cœur se rangeoit sous mes loix,
Qu'vn fort amour pour moy...
ORONTE.
                Ie vous le dis encore.
LVCIE.
Vous m'ay mez?
ORONTE.
Ie vous ayme.
DOROTEE.
            Et moy?

ORONTE.

Ie vous adore.

LVCIE.

Voyez l'effronterie, à nos yeux nous jouër.

ORONTE *à Lucie.*

Mais vous cherchez en vain à ne pas l'aduoüer,
Vous me cognoissez trop pour douter de ma flame.

DOROTEE.

Pourquoy donc m'en conter si Lucie a vostre ame?

ORONTE.

Par amour.

DOROTEE.

Quel amour.

ORONTE.

Veritable.

DOROTEE.

Et comment?

ORONTE.

I'ayme par cognoissance & non aueuglement,
Ma raison se rendant de surprise incapable,
Sans rien chercher de plus, ie m'attache à l'aymable,
Et comme il est en elle aussi bien comme en vous,
Ie confons vn amour dont l'appas m'est si doux,
Et croy sans me noircir vers l'vne ny vers l'autre,
Qu'honorer son merite est rendre hommage au vostre.

DOROTEE.

Mais comme on est reduit à choisir tost ou tard
Qui vaincra de nous deux?

ORONTE.

C'est vn secret à part.

DOROTEE.

Il faut se declarer.

ORONTE.

Vostre ordre en vain m'en presse.
Celle qui me perdroit en mourroit de tristesse.

LVCIE.

Vous pouuez sans scrupule ailleurs vous engager,
Vrayement vous valez bien qu'on y daigne songer.

ORONTE.

Ah, vous en ofez donc faire la dégouftée,
Voyla mon choix tout fait, ie fuis à Dorotée.

LVCIE.

Ie luy cede fans peine vn bien fi precieux.

ORONTE.

Me declarant pour vous, vous en parleriez mieux.

LVCIE.

En effet, fon bonheur eft fort digne d'enuie.

ORONTE.

Toûiours d'vn faux orgueil la difgrace eft fuiuie,
Vous verrez ce que c'eft que de m'auoir perdu.

à Dorotée.

Vous à qui deformais tout mon amour eft deu
Croyez . . .

DOROTEE.

Vn choix fi prompt me met en défiance.

ORONTE.

Voftre cœur eft d'accord de cette preference,
N'en faites point la fine, il la croit meriter.

DOROTEE.

Voftre inégale humeur me fait toûiours douter,
Vous proteftez par tout.

ORONTE.

Et n'eft-ce pas la mode?
Voyez tel que ie fuis fi ie vous fuis commode.

SCENE IX.

ARGANTE, ORONTE, FLO-
RAME, ERASTE, DO-
ROTEE, LVCIE,
LYSETTE,
CLITON.

ERASTE entrant auant Argante.

VOicy voſtre billet, infidelle, mais quoy,
Ma ſœur auecque vous!
      ARGANTE entrant auec Florame.
            Ie répons de ſa foy,
Ie ſuis pere.
       FLORAME.
    Ah, pluſtoſt que la vouloir contraindre. . . .
      ARGANTE.
Enfin de vos froideurs i'ay ſujet de me plaindre.
Si certains bruits confus vous mettent en ſoucy
Iuſqu'à vous alarmer de voir Oronte icy,
Sçachez ce qui l'amene, & qu'aymé de Lucie. . .
      LVCIE.
De moy? que dites-vous ? c'eſt ce que ie dénie,
Mon amour eſt vn bien qu'il ne peut eſperer.
      FLORAME à Argante.
Souffrez donc qu'aujourd'huy ie m'oſe declarer.
A l'Hymen de Lucie ayant oſé prétendre
I'eſtime en vain l'honneur de me voir voſtre gendre,
Ie ne puis l'accepter ſans infidelité,
Mais Eraſte. . . .

ERASTE.

Non non, le fort en eft jetté,
Mon cœur de cette ingrate abhorre l'Hymenée,
Cependant ie tiendray ma parole donnée,
Venez en voir l'effet, & remenes ma fœur.

FLORAME.

Adieu, ne foyez point jaloux de mon bon-heur.

SCENE V.

ARGANTE, ORONTE, DOROTEE, LYSETTE, CLITON.

ARGANTE à Oronte.

QVe veut dire cecy ? Lucie aymer Florame!
Et quoy, n'eft-elle pas l'objet de yoftre flame,
Et furpris cette nuit dedans fon entretien,
N'auez-vous pas fauté de fon jardin au mien?

ORONTE.

Puifqu'enfin il eft temps que ie vous defabufe,
Apprenez que l'amour m'a fourny cette excufe.

ARGANTE.

Quoy, voir de nuit ma fille, & tous deux tant ofer...

ORONTE.

Ne vous emportez point.

ARGANTE.

A moins que l'époufer....

ORONTE.

I'y confents ; il faut bien qu'enfin ie me marie,
Pourrions-nous autrement finir la Comedie?

DOROTEE.

Vous reduire à l'Hymen, qui l'euſt oſé preuoir?

ORONTE.

C'eſt la fin de mon rôle, il faut bien le vouloir.

CLITON.

Cette concluſion eſt encore imparfaite,
Il faut pour bien finir que j'épouſe Lyſette.

DOROTEE.

L'aymes-tu?

CLITON.

Ie m'en meurs, Madame.

DOROTEE.

Elle eſt à toy.

CLITON *à Lyſette.*

Ah, mignarde.

LYSETTE.

Non non, il tient encore à moy,
Peux-tu m'entretenir l'eſtat de Demoiſelle?

CLITON.

Que trop.

LYSETTE.

As-tu dequoy?

CLITON.

N'en ſois point en ceruelle.

LYSETTE.

I'en doute.

CLITON.

C'eſt à tort.

ORONTE.

Va, nous l'en plegerons.

LYSETTE.

Voyons conter l'argent, & puis nous parlerons.

FIN.

Extrait du Priuilege du Roy.

PAr Grace & Priuilege du Roy, donné à Paris le 24. Decembre 1651. Signé, Par le Roy en son Conseil, MARTIN, Il est permis au Sieur Corneille Aduocat en nostre Cour de Parlement de Roüen, de faire imprimer par tel Imprimeur qu'il voudra choisir, trois Pieces de Theatre, intitulées, *Pertharite Roy des Lombards*, *D. Bertran de Cigarral*, & *l'Amour à la mode*, pendant le temps & espace de neuf ans, à compter du iour qu'elles seront acheuées d'imprimer : Defendans tres-expressément à toutes personnes de quelque qualité & condition qu'elles puissent estre, d'imprimer ou contrefaire lesdites trois Pieces de Theatre, à peine aux contreuenans de deux mil liures d'amende, dépens, dommages & interests, & confiscation des exemplaires qui se trouueront d'autre impression que de celle qu'il aura fait faire, ainsi qu'il est plus au long porté par lesdites Lettres.

Acheué d'imprimer le 30. Auril 1653.

ET ledit sieur Corneille a cedé & transporté le Priuilege cy-dessus, à Guillaume de Luynes Marchãd Libraire à Paris, suiuant l'accord fait entr'eux.